INTRODUCCIÓN

El *Manual oficial para licencias de conducir de Florida* es producido por **el Departamento de Seguridad de Carreteras y Vehículos Motorizados de Florida (Florida Department of Highway Safety and Motor Vehicles, FLHSMV).** Esta guía tiene la informaci n que necesita para prepararse para el Examen de conocimiento, el Examen de habilidades de conducci n para obtener una licencia de conducir Clase E, y ayudarle a conducir de manera segura y legal.

Exención de Responsabilidad

El *Manual oficial para licencias de conducir de Florida* contiene puntos resumidos y explicados de las leyes de Florida y proporciona consejos de seguridad que no se abordan específicamente en las leyes. El manual no constituye un documento legal y no está destinado a ser utilizado en un tribunal. Este manual no reflejará ning n cambio realizado por la Legislatura de Florida después de la última fecha de revisi n (que aparece en la parte inferior de esta página).

Advertencia

La ley de Florida prohíbe usar un nombre falso, realizar una declaraci n falsa, ocultar un hecho pertinente o cometer fraude de alg n otro modo en una solicitud de una licencia de conducir o de una tarjeta de identificaci n. La sanci n puede ser de hasta cinco a os en prisi n, una multa de $5000 y una suspensi n del privilegio de conducir durante al menos un a o.

Además, es ilegal permitir a una persona sin licencia que conduzca un automóvil, o autorizarla a ello, y hacerlo puede conllevar una condena de prisi n de 60 días y una multa de $500. Si el vehículo participa en un choque que ocasiona lesiones corporales o la muerte de una persona, se suspenderá por un a o la licencia de la persona que permitió conducir a la persona sin licencia (a menos que sea una suspensi n obligatoria automática).

Registros P blicos

La ley de Florida exige que FLHSMV tome cierta informaci n personal durante el proceso de otorgamiento de la licencia. Esta informaci n, que identifica a las personas con licencia, se usa para la gesti n de registros, la mejora de conductores, la responsabilidad financiera y el cumplimiento de la ley. Si no proporciona la informaci n requerida, no recibirá una licencia de conducir ni una tarjeta de identificaci n.

La Ley de Registros P blicos de Florida hace que todos los registros creados o recibidos por FLHSMV en el curso de su actividad oficial estén disponibles para su inspecci n a menos que estén específicamente exentos por la ley. Su informaci n personal, incluido el nombre, la direcci n y el n mero de licencia de conducir, está exenta de divulgaci n p blica, pero se puede proporcionar a organismos policiales y otras entidades autorizadas por la ley para obtener la informaci n. Su informaci n médica, n mero del seguro social e informaci n de contacto de emergencia están disponibles s lo están disponibles si la ley lo autoriza específicamente.

FLHSMV se esfuerza por garantizar la precisi n de la informaci n obtenida durante el proceso de otorgamiento de licencias. Si descubre alguna informaci n incorrecta, llame al (850) 617-2000 o envíe su solicitud por correo con su nombre completo, fecha de nacimiento, n mero de licencia de conducir, informaci n sobre el error, y cualquier documentaci n que respalde su solicitud a: Chief of the Bureau of Records, 2900 Apalachee Parkway MS 89, Tallahassee, FL 32399. Cierta informaci n, como los informes de condenas recibidos de un tribunal, solo puede corregirse si se recibe una notificaci n del tribunal que indique que el informe era err neo.

CAMBIOS *PENDIENTES* EN EL ESTATUTO DE FLORIDA PARA 2022

Desde la impresi n de este manual, se aprobó la siguiente norma en la Legislatura de Florida, que está pendiente de convertirse en ley, o de que el Gobernador tome medidas adicionales.

SB 144 – Tarjetas de identificaci n

► Permite la emisi n de una tarjeta de identificación gratuita si una persona presenta una tarjeta de registro de votaci n válida de Florida y atestigua que está experimentando una dificultad financiera.

► Permite la emisi n de una tarjeta de identificaci n gratuita a las personas de 80 a os o más a las que se les deniega el privilegio de conducir por no haber superado la prueba de visi n.

► No exime de los requisitos de la identificaci n real (Real ID).

SB 364 – Placas de licencias de especialidad

► Crea ocho nuevas placas especiales y una placa especial para motocicletas. Puede obtener más informaci n en: flhsmv.gov/personalized-specialty-license-plates.

► Extiende el periodo de preventa durante dos a os para las placas que actualmente están en proceso de preventa y reduce el umbral para las placas especiales fuera del estado.

► Reduce el límite del número de placas especiales de 150 a 135.

SB 474 – Vehículos recreativos fuera de la carretera

► Aumenta el peso en seco permitido para los vehículos recreativos fuera de la carretera de 2,500 libras a 3,500 libras.

HB 749 – Prevenci n de fraudes

► Requiere que el departamento incluya la informaci n de registro y seguro del vehículo en la licencia de conducir m vil (Florida Smart ID). La credencial digital debe mostrar la informaci n del seguro del vehículo, notificar cualquier lapso en la cobertura del seguro y permitir a los individuos actualizar la informaci n de la p liza.

SB 754 – Períodos de registro de casas m viles

► Revisa el periodo de registro de las casas m viles propiedad de personas físicas hasta el mes de nacimiento del propietario.

SB 914 – Departamento de Seguridad de Carreteras y Vehículos Motorizados

► Requiere que el operador de un vehículo motorizado proporcione una prueba de seguro a petici n de un agente de la ley (anteriormente s lo se aplicaba a los conductores que también eran propietarios registrados).

► Establece una exenci n de tarifas para el c nyuge superviviente que transfiera el título de un vehículo de motor únicamente a su nombre cuando s lo el c nyuge fallecido figure en el título.

► Prohíbe a los individuos que tienen paradas de registro reemplazar su placa hasta que hayan satisfecho la parada subyacente.

► A partir del 1 de noviembre de 2023, los números de los licencias de conducir y de las tarjetas de identificaci n incluirán cuatro dígitos generados aleatoriamente.

HB 915 – Registro de vehículos motorizados comerciales

► A partir del 1 de julio de 2024, el FLHSMV emitirá placas de licencias prorrateables, para los vehículos motorizados comerciales que viajan a través de las fronteras del estado, válidas por un período de 3 a os.

ÍNDICE

ÍNDICE (CONTINUACIÓN)

INFORMACIÓN IMPORTANTE PARA CONDUCTORES MENORES DE EDAD

Licencia de aprendizaje

► Siempre deben conducir acompa ados por un conductor con licencia, mayor de 21 a os, que viaje en el asiento más cercano a la derecha del conductor.

► Solo deben conducir en horas del día durante los primeros tres meses después de obtener la licencia de principiante. Después de tres meses, pueden conducir hasta las 10 PM.

► Debe tener al menos 50 horas de experiencia de conducci n antes de obtener la licencia de conducir, y 10 horas deben ser por la noche.

J venes de 16 a os con licencia de conducir

No pueden conducir entre las 11 PM y las 6 AM, a menos que conduzcan hacia o desde el trabajo O estén acompa ados por un conductor con licencia mayor de 21 a os.

J venes de 17 a os con licencia de conducir

No pueden conducir entre las 1 AM y las 5 AM, a menos que conduzcan hacia o desde el trabajo O estén acompa ados por un conductor con licencia mayor de 21 a os.

Puntos del registro de conductores

Conductores menor de 18 a os que acumule seis o más puntos en un período de 12 meses tendrá automáticamente una restricci n de conducir por un a o "SOLO con fines comerciales".

Recuerde...

Siempre lleve su licencia de conducir cuando conduzca, y siempre tenga el certificado de matrícula del vehículo y el comprobante del seguro con usted en el vehículo.

Hola, conductores de Florida –

El Departamento de Seguridad de Carreteras y Vehículos Motorizados de Florida (FLHSMV, por sus siglas en inglés) se complace en proporcionarle el Manual Oficial de Licencias de Conducir de Florida, dise ado para ayudarle a convertirse en un conductor seguro, cortés y bien informado.

Obtener la licencia de conducir es un momento emocionante, que trae consigo una nueva independencia y oportunidades, y lo más importante, una solemne responsabilidad. **Una solemne responsabilidad** de conducir con cuidado, cortesía y confianza cada vez que se ponga al volante para garantizar su seguridad y la de los millones de personas que viajan por las carreteras de Florida.

Antes de 1939, cualquier persona, independientemente de su edad, era libre de conducir un vehículo en las carreteras de Florida siempre que respetara algunas normas básicas de circulaci n y no condujera en estado de embriaguez. En 1941, la nueva legislaci n exigía que todas las personas que solicitaran una licencia de conducir original pasaran un examen de visi n, de se ales de tráfico, de normas de circulaci n y de conducci n. En 1946, se estableció el primer programa integral de examen de licencia de conducir y se publicó el primer Manual del Examinador de Florida.

Las leyes de seguridad vial de Florida y la educaci n de los conductores han avanzado mucho, pero la regla de oro de la conducci n siempre ha sido la misma: conduzca como quiere que conduzcan los demás.

Los accidentes de tráfico trágicos y que alteran la vida son, por desgracia, demasiado comunes, y a menudo son causados por alguien que decidió no seguir la ley. Vemos la angustia que estos accidentes causan a las familias, los amigos y las comunidades; pero rara vez oímos hablar de los muchos accidentes que se evitan gracias a los conductores que son corteses, sobrios y se concentran en la carretera y en su entorno. Estos son los conductores que nos mantienen seguros y el tipo de conductor que todos los automovilistas deberían aspirar a ser.

Mientras se prepara para unirse a la pr xima generaci n de conductores con licencia de Florida al revisar este manual, por favor recuerde que la informaci n, las habilidades y los comportamientos que está aprendiendo son más que simples respuestas a un examen. Ser un conductor seguro es una devoci n de toda la vida, que debe reafirmarse cada vez que se pone al volante. Por favor, no sobreestime su capacidad de conducci n ni subestime los riesgos: el peligro es demasiado real.

Felicidades por este nuevo y emocionante paso en su vida. Le deseo éxito y seguridad en sus pr ximos viajes.

Terry L. Rhodes,
Executive Director
El Departamento de Seguridad de Carreteras y Vehículos Motorizados de Florida

Parte 1–Conducir en Florida

TEEN DRIVER SAFETY

Los cinturones de seguridad salvan vidas.

Es un hecho. Fin de la historia.

FLHSMV

Más información: flhsmv.gov/teen

Prepararse para conducir

Antes de arrancar el motor:

- ► Asegúrese de que el vehículo se encuentre en neutro.
- ► Ajuste el asiento para poder alcanzar los controles.
- ► Ajuste todos los espejos retrovisores para poder usarlos sin tener que inclinarse hacia delante o hacia atrás.
- ► Retire los objetos que puedan bloquear su visión de los espejos o la carretera.
- ► Cierre todas las puertas del automóvil.
- ► Póngase el cinturón de seguridad y asegúrese de que también lo hagan todos los pasajeros.

Estándares de equipo

Los equipos en su automóvil deben cumplir con ciertos estándares. Un agente del orden público puede detenerlo en cualquier momento para inspeccionar el vehículo.

Equipos obligatorios	
Frenos	Dos sistemas de freno. Cada uno debe poder detener el automóvil de forma independiente. El freno de estacionamiento o emergencia debe ser lo suficientemente fuerte como para retener el automóvil en una colina.
Luces delanteras bajas	Deben mostrar objetos a 150 pies (45 metros) hacia delante. Visibles desde 1,000 pies (300 metros).
Luces delanteras altas	Deben mostrar objetos a 450 pies (137 metros) hacia delante. Visibles desde 1,000 pies (300 metros).
Luces traseras	Dos luces traseras rojas. Visibles desde 1,000 pies (300 metros).
Luces de freno	Dos luces rojas de freno. Visibles desde 300 pies (91 metros) durante el día.
Luz de placa de matrícula	Luz blanca que permite que la placa de matrícula se vea desde 50 pies (15 metros) de distancia.
Señales direccionales	Ámbar o blancas (adelante) o rojas (atrás). Visibles desde 500 pies (152 metros).
Bocina	Se debe escuchar desde una distancia de 200 pies (60 metros).
Espejos	Al menos un espejo retrovisor con una visión de 200 pies (60 metros) hacia atrás.
Limpiaparabrisas	En buenas condiciones de funcionamiento para despejar la vista del conductor.
Parabrisas*	Deben estar fabricados con vidrio de seguridad y no pueden cubrirse ni tratarse con ningún material que genere reflejos en el vidrio o los vuelva no transparentes. Deben estar libres de adhesivos no requeridos por la ley.
Ventanas laterales y trasera*	No pueden estar formadas, cubiertas ni tratadas con un material que sea espejado o refleje más del 25 % de la luz (ventanas laterales) o más del 35 % de la luz (ventana trasera).
Neumáticos	Deben tener una banda de rodamiento mínima de 3/32 de pulgada o mayor, sin puntos desgastados que muestren la capa.

Ver el artículo 316.2953 y el artículo 316.2954 de los Estatutos de Florida para obtener más información sobre las restricciones para el tintado de ventanas.

Equipos NO permitidos
Luces rojas visibles desde adelante o luces azules. Solo para vehículos de emergencia/policía.
Más de dos luces de detención, faroles o luces en el guardabarros, luces para niebla u otras luces adicionales.
Una sirena, campana o silbato.
Un silenciador muy ruidoso (que se escuche a más de 50 pies [15 metros]) o que emita humo.
Señales, afiches o adhesivos en el parabrisas o las ventanas (excepto si lo requiere la ley).
Un "receptor tipo televisor" que el conductor pueda ver.
Auriculares que use el conductor cuando esté manejando.

Requisitos de altura del parachoques

Los propietarios de automóviles y camionetas pickup deben tener el parachoques delantero y trasero montado dentro de ciertos niveles de altura. Las limitaciones de altura se rigen por el peso neto de embarque del vehículo, no el peso modificado o alterado. Las alturas máxima permitidas entre el pavimento y la parte inferior del parachoques delantero y trasero son:

Peso del vehículo	Delantero	Trasero
Automóviles < 2500 lb (1130 kg)	22 in (55 cm)	22 in (55 cm)
Automóviles 2500–3499 lb (1590 kg)	24 in (63 cm)	26 in (66 cm)
Automóviles ≥ 3500 lb (1600 kg)	27 in (68 cm)	29 in (73 cm)
Camiones < 2000 lb (900 kg)	24 in (63 cm)	26 in (66 cm)
Camiones 2000–3000 lb (900–1360 kg)	27 in (68 cm)	29 in (73 cm)
Camiones 3000–5000 lb (1360–2265 kg)	28 in (71 cm)	30 in (76 cm)

DISPOSITIVOS DE CONTROL DE EMISIONES

Es ilegal manipular, retirar o anular el funcionamiento de cualquier dispositivo de control de la contaminación de su vehículo. La manipulación dañará su vehículo y puede provocar un aumento de la contaminación del aire, reducir el millaje del combustible, reducir la eficiencia del vehículo y ocasionar dificultades respiratorias.

Mantenga su automóvil en buenas condiciones

Frenos: Compruebe que el pedal se mantenga muy por encima del nivel del piso al presionarlo con el pie. Si el automóvil se desvía hacia un lado al usar los frenos o si escucha un ruido de fricción o un chillido, es posible que deba reparar los frenos.

Luces: Revise con frecuencia; reemplace las bombillas quemadas y mantenga las lentes limpias.

Neumáticos: Inspeccione con frecuencia que los neumáticos estén inflados correctamente y su presión sea adecuada, que la banda de rodamiento se desgaste de manera uniforme y que no haya daños.

Ventanas y parabrisas: Mantenga los cristales limpios por dentro y por fuera.

Ventana trasera: Si la ventana trasera está cubierta o ha sido tratada con algún material que la vuelve no transparente, el vehículo debe estar equipado con espejos laterales a ambos lados para permitir que el conductor vea hacia atrás al menos 200 pies (60 metros).

¡Lea el manual del propietario de su vehículo! Es un recurso excelente para obtener información específica de su vehículo, tal como por ejemplo: qué tipos de fluidos requiere su automóvil, qué significan las luces de advertencia en el tablero, cuáles son los intervalos de servicio de su automóvil y más.

Sistema antibloqueo de frenos

El sistema antibloqueo de frenos (ABS, anti-lock brake system) evita el deslizamiento y permite al conductor dirigir el vehículo en una situaci n de frenado de emergencia. El ABS puede ayudar a mejorar la estabilidad de vehículo, la capacidad de direcci n y la capacidad de frenado.

Es importante saber si su vehículo tiene ABS porque afectará a la forma en que debe detenerse en una situaci n de emergencia. *Los conductores con ABS* tienen que pisar a fondo el pedal del freno, mantenerlo presionado y alejarse del peligro. En una situaci n de emergencia, el ABS bombea automáticamente los frenos a una velocidad mayor de lo que podría lograr el conductor. Si se quita la presi n constante del pedal de freno o se bombea el freno, el ABS se desconecta o se "apaga". *Los conductores con frenos convencionales* deben bombear los frenos para detenerse en una situaci n de emergencia en la que se pierde la tracci n y el vehículo se desliza.

Puede determinar si el autom vil tiene ABS buscando un símbolo de ABS iluminado en el tablero justo después de arrancar el motor, consultando el manual del propietario o preguntando al concesionario.

Remolques, remolque de vehículos y carga

Requisitos de equipos:

- ► Remolque, semirremolque o remolque de pértiga con un peso de 3,000 libras (1360 kilos) o menos:
  - ► ATRÁS—dos reflectores, uno a cada lado*.
  - ► Una luz de freno si el remolque o la carga bloquean/ocultan las luces de freno del vehículo que lo remolca.

- ► Remolque o semirremolque con un peso superior a 3,000 libras (1360 kilos):
  - ► ADELANTE—dos lámparas de gálibo, una a cada lado.
  - ► CADA LADO—dos lámparas de posici n laterales, una en o cerca de la parte delantera y otra en o cerca de la parte trasera. Dos reflectores, uno en o cerca de la parte delantera y otro en o cerca de la parte trasera.
  - ► ATRÁS—dos luces de gálibo, una a cada lado, y dos reflectores, uno en la parte delantera o cerca de ella y otro en la parte trasera o cerca de ella.*
  - ► Frenos que puedan ser accionados por el conductor del vehículo que remolca. Deben estar dise ados y conectados de manera que detengan automáticamente el remolque si se separa del vehículo que remolca.

- ► Remolque de pértiga que pesa más de 3,000 libras:
  - ► A CADA LADO—una luz de posici n lateral y una luz de gálibo.
  - ► ATRÁS—dos reflectores, uno a cada lado*.

---

* *Todos los vehículos motorizados, remolques, semirremolques y remolques de pértiga deben tener dos o más luces de freno (se permite una luz de freno en los vehículos fabricados antes del 1 de enero de 1972).*

5

Barra de tiro o conexión de remolque

La barra de tiro o la conexi n de remolque deben:

- ser lo suficientemente fuerte como para tirar de todo el peso remolcado;
- no tener más de 15 pies (4.5 metros) de largo, a menos que esté remolcando postes, tuberías, maquinaria u otros objetos que no puedan desmontarse fácilmente; y
- tener una bandera blanca de al menos 12 pulgadas cuadradas (77 centímetros) atada a ella si es de cadena, cuerda o cable.

Asegurar la carga

No debe conducir ni mover ning n vehículo cargado en la carretera si la carga no está asegurada. La carga no debe poder caerse, desplazarse, tener fugas o escaparse de alguna manera.

- Debe utilizar una cubierta ajustada cuando transporte cargas que puedan caer o volar sobre la calzada (por ejemplo, tierra, arena, grava).
- Todos los camiones que transporten troncos o madera para pulpa deben utilizar cadenas de seguridad para sujetar la carga.

Carga saliente

Una carga que sobrepasa los lados de un vehículo y más de 4 pies (1.2 metros) por detrás de la parte trasera debe marcarse claramente. Durante el día, se deben usar banderas rojas de al menos 18 pulgadas cuadradas (116 centímetros cuadrados) para marcar los extremos de la carga. Los requisitos para transitar desde la puesta hasta la salida del sol y con lluvia, humo o niebla incluyen:

- dos lámparas rojas en la parte posterior de la carga que se puedan ver desde una distancia de al menos 500 pies (150 metros) de la parte trasera;

- dos reflectores rojos en la parte trasera que se puedan ver desde 100 a 600 pies (30 a 180 metros) al estar directamente frente a luces delanteras bajas, y ubicados para indicar el ancho total de la carga; o
- una lámpara roja a cada lado de la carga, visible desde al menos 500 pies (150 metros) para indicar el saliente máximo de la carga.

Si el remolque o vehículo motorizado transporta troncos, madera larga para pasta de papel, postes o tubos que se extiendan más de 4 pies (1.2 metros) por detrás de la parte posterior de la carga, debe contar con una lámpara estrobosc pica de color ámbar de forma tal que la lámpara sea visible desde la parte trasera y desde ambos lados de la carga saliente. La lámpara debe funcionar y ser visible en cualquier momento del día o la noche.

Los vehículos de pasajeros no deben conducirse en una carretera con una carga que sobrepase los guardabarros en el lado izquierdo del vehículo o sobrepase por más de 6 pulgadas (15 centímetros) la línea de los guardabarros en el lado derecho.

Vehículos de velocidad lenta

Los vehículos agrícolas diseñados para funcionar a velocidades inferiores a 25 mph (40 km/h) deben exhibir este cartel en la parte trasera al usar carreteras p blicas (no carreteras de acceso limitado/interestatales). Asimismo, estos vehículos solo pueden ser operados durante el día, a menos que estén equipados con las luces/los reflectores adecuados requeridos para la conducci n nocturna.

PREPARACIÓN PARA CONDUCIR: USTED, EL CONDUCTOR

Conducir un autom vil es una gran responsabilidad. Para conducir de forma segura, debe estar totalmente concentrado: las manos en el volante, la vista en la carretera y la mente en la conducci n. Todo aquello que afecte su estado físico o mental puede perjudicar su capacidad de conducir.

Condiciones físicas

Es importante someterse a exámenes peri dicos de la vista y la audici n, y a un examen físico general. Reciba tratamiento para enfermedades y evite conducir si está enfermo. Recuerde que, cuando le recetan un medicamento, debe consultar a su médico o farmacéutico si este podría afectar su capacidad de manejo.

Emociones

Las emociones pueden afectar la conducci n segura. Es posible que no pueda conducir de manera segura si está preocupado, emocionado, llorando, enojado o deprimido. Las emociones pueden distraerlo de la conducci n porque la mente está enfocada en otros asuntos y no en la conducci n. Su estado emocional puede alterar la forma en que reaccione, o exagerar, a las situaciones de conducci n. Tome un tiempo para calmarse y enfocarse antes de conducir.

Ira vial

La ira vial es una conducta violenta o un comportamiento visiblemente agresivo de un conductor, que puede ocasionar choques u otros accidentes en las carreteras. Las señales incluyen:

- ► acelerar o frenar bruscamente;
- ► seguir a otro vehículo demasiado cerca;
- ► cortar el paso a otros conductores;
- ► impedir que otros vehículos ingresen a su carril;
- ► tocar la bocina o emitir destellos con las luces delanteras en exceso;
- ► gritar obscenidades o amenazas;
- ► hacer gestos obscenos con las manos;
- ► causar un choque intencionalmente;
- ► bajar del vehículo para iniciar una confrontaci n;
- ► usar un arma o amenazar con usar un arma;
- ► arrojar objetos desde el vehículo.

Si otro conductor lo amenaza o conduce intencionalmente de forma peligrosa a su alrededor, **mantenga la calma e intente alejarse lo máximo posible**. Reduzca la velocidad y déjelo pasar.* No establezca contacto visual; no responda con gestos obscenos. Si necesita ayuda, llame al *FHP (*347) or 911.

* La ley de Florida indica que un conductor debe salir del carril izquierdo cuando otro vehículo que viaja a una velocidad mayor se aproxima por detrás.

Conducir distraído

Estar distraído al conducir es una conducta extremadamente riesgosa que no solo lo pone en peligro a usted y a sus pasajeros, sino también a los peatones y ciclistas que comparten la carretera. Enfocar la atenci n en la conducci n ayuda a prevenir accidentes.

Existen tres categorías principales de distracci n del conductor:

Categorías de distracción	
Visual	quitar la vista de la carretera
Manual	quitar las manos del volante
Cognitiva	pensar en otra cosa que no sea conducir

Los mensajes de texto implican los tres tipos de distracci n, por lo que constituyen una de las conductas de distracci n más peligrosas al conducir.* Sin embargo, esta no es la única causa de distracci n mientras se conduce. Otras distracciones comunes incluyen:

- ► hablar por un teléfono m vil;
- ► mirar un objeto, una persona o un evento fuera del vehículo;
- ► alcanzar un objeto;
- ► interactuar con los pasajeros;
- ► comer o beber;
- ► mascotas no aseguradas;
- ► asearse;
- ► ajuste de los controles de la radio o de climatizaci n;
- ► encender un cigarrillo; o
- ► so ar despierto.

* En Florida, es ilegal conducir un vehículo motorizado mientras se envían mensajes de texto. La ley de Florida prohíbe que una persona conduzca un vehículo motorizado mientras utiliza un dispositivo de comunicación inalámbrico de forma manual en un cruce escolar designado, una zona escolar o una zona de trabajo.

Beber y conducir

El alcohol reduce todas las habilidades necesarias para conducir de forma segura, como el juicio, la reacci n, la visi n y la concentraci n. El alcohol se absorbe en la pared del est mago y luego pasa directamente al flujo sanguíneo y llega al cerebro en minutos después del consumo. **El juicio de una persona es lo primero que se ve afectado después de tomar una bebida alcoh lica.**

Incluso un solo trago de alcohol puede afectar su capacidad de conducci n. El alcohol reduce sus reflejos y tiempo de reacci n, su capacidad de ver claramente y su nivel de alerta. Tendrá problemas para determinar la distancia, la velocidad y el movimiento de otros vehículos. También tendrá problemas para controlar su vehículo.

Si consume alcohol, incluso solo un trago, aumentan sus posibilidades de sufrir un accidente, en comparaci n con no haber tomado alcohol. Nadie puede beber alcohol y conducir de forma segura, incluso si ha bebido por muchos a os.

Debido a que consumir alcohol y conducir es tan peligroso, las sanciones son muy estrictas. Las personas que conducen después de beber se arriesgan a recibir elevadas multas, cuotas del seguro más altas, la pérdida de la licencia de conducir e incluso recibir una condena. Una condena por conducir bajo la influencia de alcohol o drogas (DUI, Driving Under the Influence) permanecerá en su registro de conductor por 75 a os.

¡No tome alcohol y conduzca!

- ► Antes de beber, designe a un conductor sobrio.
- ► Si usted es el conductor sobrio, no beba. Una bebida ya es demasiado.
- ► Si sus facultades están disminuidas y no cuenta con un conductor designado, tome un taxi, llame a un amigo o familiar sobrio, o use el

transporte público para regresar a su hogar de forma segura.

► Recuerde, los amigos no permiten que los amigos conduzcan ebrios. Si conoce a alguien que está por conducir ebrio, tome las llaves y ayúdelo a llegar seguro a su hogar.

Conducción en estado de somnolencia

Conducir en estado de somnolencia puede ser tan peligroso como conducir en estado de ebriedad. No conduzca cuando esté cansado. Es peligroso conducir cuando está cansado porque la fatiga (la sensación de cansancio) puede:

► reducir sus procesos mentales y el tiempo de reacción;

► afectar su juicio y visión;

► afectar sus sentidos y capacidades; o

► causar episodios de microsueño ("cabecear") o que se quede profundamente dormido.

Las dos causas principales de conducir en estado de somnolencia son la falta de calidad/cantidad de sueño y conducir en horas del día en que una persona normalmente estaría durmiendo. ¡Evite conducir en estado de somnolencia!

► No conduzca en horarios en los que habitualmente estaría durmiendo.

► Duerma bien antes de viajar.

► En viajes largos, tome un descanso cada 100 millas (160 km) o cada 2 horas.

► Si cree que podría quedarse dormido, busque un lugar seguro para detenerse y tomar una siesta.

► Use el "sistema de compañeros" e intercambie el lugar con otro conductor cuando sea necesario.

Conducir bajo los efectos de las drogas

Conducir bajo los efectos de las drogas es ilegal y está sujeto a las mismas sanciones impuestas que por conducir bajo los efectos del alcohol.

Además del alcohol, hay muchas drogas que pueden afectar las capacidades de una persona para manejar un vehículo de forma segura. Esto se aplica a varios medicamentos recetados, así como medicamentos de venta libre para alergias y resfriados. Si una persona está tomando medicamentos, debería asegurarse de controlar la etiqueta para conocer las advertencias sobre los efectos del medicamento antes de conducir. Si no están seguros de si es seguro tomar el medicamento y conducir, debería preguntarle al médico o al farmacéutico sobre cualquier efecto secundario.

No se debe consumir alcohol y medicamentos al mismo tiempo. La combinación de alcohol y medicamentos suele multiplicar los efectos del alcohol y cualquier otro medicamento. Por ejemplo, una bebida, cuando también está tomando un medicamento para la alergia o el resfriado, podría tener el mismo efecto que varias bebidas.

Las drogas ilegales y las sustancias controladas, como la marihuana, también afectan los reflejos, el juicio y el estado de alerta de las personas junto con sus demás efectos secundarios peligrosos. Estas drogas pueden dar a la persona un falso sentido de alerta y autoconfianza o hacerla sentir somnolienta e incapaz de reaccionar ante situaciones simples.

Conductores de mayor edad

A medida que envejecemos, los cambios físicos nos obligan a adaptarnos para poder seguir conduciendo con seguridad. Los conductores de mayor edad deberían:

- someterse a exámenes médicos y oftalmológicos periódicos para identificar las condiciones físicas y mentales que puedan afectar a la conducción;
- preguntar al médico o al farmacéutico cómo afectan los medicamentos (especialmente cuando se toman en combinación con otros) a la conducción;
- consultar con un médico sobre un programa de ejercicios para mantener la flexibilidad y la fuerza necesarias para conducir con seguridad;
- realizar los ajustes del vehículo que sean necesarios. Si le resulta difícil girar el volante, consiga una perilla de dirección. Si le cuesta girar la cabeza para comprobar los puntos ciegos, coloque un espejo lateral más grande;
- evitar el uso de lentes de sol en condiciones de poco luz u oscuridad; y
- evitar las horas de conducción peligrosas:
  - el anochecer, el amanecer y la noche.
  - clima poco favorable.
  - tránsito de hora pico.
  - carreteras de velocidad rápida.

El programa Florida Safe Mobility for Life proporciona información y recursos para concienciar y mejorar la seguridad, el acceso y las necesidades de movilidad de los usuarios de carreteras de edad avanzada de Florida. Los recursos disponibles proporcionan educación para los adultos mayores, las familias y los cuidadores, y los socios de la comunidad sobre cómo lograr una movilidad segura de por vida. Para saber más, visite safemobilityfl.com.

Información de tránsito del 511 de Florida

¡Esté siempre preparado! El Sistema de información para viajeros 511 de Florida es un servicio gratuito del Departamento de Transporte de Florida (Florida Department of Transportation) que proporciona información de tráfico en tiempo real sobre choques, tiempos de viaje, congestión, cierres de carriles, clima severo y construcción en las interestatales de Florida, carreteras de peaje y otras carreteras metropolitanas importantes.

Existen cuatro formas convenientes para que los conductores reciban actualizaciones de tránsito*

- Llamar al 511 (inglés y español).
- Visitar FL511.com.
- Descargar la aplicación gratuita "Florida 511".
- Seguir cualquiera de los canales estatales, regionales o específicos de las carreteras en Twitter.

Use estos recursos antes de conducir o al detenerse en un lugar seguro.

Cinturones de seguridad y sujeciones para niños

Los cinturones de seguridad salvan vidas, pero solo si se usan correctamente cada vez que está en un vehículo motorizado. Tiene una mayor probabilidad de morir en un choque si no usa el cinturón de seguridad. En un choque, el cinturón de seguridad:

- ► impide ser expulsado del vehículo;
- ► impide ser lanzada contra otros pasajeros, el volante o el parabrisas; y
- ► lo mantiene detrás del volante, donde puede controlar el vehículo.

Use el cinturón de seguridad de cintura y de hombro. Use el cinturón de seguridad de cintura a la altura de la cadera, y el cinturón de seguridad de hombro a través del pecho. El cinturón de seguridad no funcionará si lo coloca detrás de usted. **¡Las bolsas de aire no sustituyen el cinturón de seguridad!**

La ley de Florida requiere que todos los conductores, todos los pasajeros del asiento delantero y todos los pasajeros menores de 18 años usen el cinturón de seguridad*. Los niños menores de 4 años deben viajar en un asiento de seguridad, y los niños de 4 y 5 años deben viajar en un asiento de seguridad o un asiento elevador. Los conductores recibirán una multa por infringir la ley sobre el cinturón de seguridad/la sujeción de niños si un pasajero menor de 18 años no está sujeto con un cinturón de seguridad o un dispositivo de sujeción adecuado para niños. Los pasajeros mayores de 18 años recibirán una multa por infringir la ley si no usan el cinturón de seguridad cuando lo requiere la ley.

Cada pasajero de un autobús escolar equipado con cinturones de seguridad o sistemas de sujeción debe usar un cinturón de seguridad correctamente colocado en todo momento mientras el autobús esté funcionando.

---

* *Algunas exenciones se aplican a automóviles fabricados antes de 1968 y a los camiones anteriores a 1972.*

La ley de Florida exime a las siguientes personas de los requisitos del cinturón de seguridad:

- ▶ Una persona que posea certificación de un médico de tener una afección médica que ocasiona que el uso del cinturón de seguridad sea inapropiado o peligroso. (Conserve una copia de la certificación médica mientras conduce/viaja como pasajero).
- ▶ Empleado de un servicio de entrega de periódicos a domicilio, mientras reparte periódicos.
- ▶ Autobuses escolares comprados nuevos antes del 31 de diciembre de 2000.
- ▶ Autobuses usados para el transporte de personas a cambio de una compensación.
- ▶ Equipos agrícolas.
- ▶ Camiones de un peso neto superior a 26,000 libras (11 toneladas).
- ▶ El cinturón de seguridad (sin asiento elevador) solo puede ser usado por niños de 4–5 años cuando el conductor no es familiar inmediato del niño y el niño es transportado como un favor o en un caso de emergencia.

Es responsabilidad del padre o tutor suministrar la sujeción infantil apropiada cuando se transporte a un niño en un vehículo contratado (p. ej., taxi, autobús, limusina).

El mejor asiento para niños será el asiento que se ajuste a su hijo, a su automóvil y que se use correctamente cada vez. Lea el manual de instrucciones del asiento de seguridad y la sección del manual del propietario del vehículo para ver información sobre la instalación del asiento para niños. En vehículos de pasajeros, los niños menores de 13 años deben viajar sujetos en el asiento trasero, ya que las bolsas de aire pueden lesionar u ocasionar la muerte de los niños pequeños que viajen en el asiento delantero. Nunca coloque un asiento para niños mirando hacia atrás en frente de una bolsa de aire.

Dejar a los niños sin supervisión en vehículos motorizados

Nunca deje a un niño solo o sin supervisión en un vehículo motorizado; es extremadamente peligroso y puede ocasionar lesiones o la muerte del niño. La ley de Florida establece que el padre, tutor u otra persona responsable de un niño menor de 6 años no debe dejar al niño solo o sin supervisión **por ningún período de tiempo si el motor del automóvil está encendido, la salud del niño está en peligro o el niño parece estar en peligro**. Infringir esta ley constituye un delito menor de segundo grado; una infracción que ocasione lesiones corporales graves, discapacidad permanente o desfiguración permanente en un niño se considera un delito grave de tercer grado.

CONTROLES DE TRÁFICO

Marcas en el pavimento

Se pintan líneas, símbolos y palabras en las carreteras para ayudar a dirigir a los conductores y controlar el flujo del tráfico. Debe conocer qué significan las diferentes líneas, colores y símbolos y respetarlos.

A menos que gire, salga de una carretera o cambie de carril, siempre permanezca entre las líneas que marcan su carril. Los conductores pueden circular de forma segura y breve hacia la izquierda del centro de la calzada para adelantar a una bicicleta, a otro vehículo no motorizado, a una bicicleta eléctrica o a un peat n.

Líneas de bordes

Las líneas continuas a lo largo del lado de la carretera marcan el borde derecho o izquierdo de la carretera.

► **Línea blanca simple continua.** Marca el borde derecho de la carretera.

► **Línea amarilla simple continua.** Marca el borde izquierdo de la carretera en carreteras divididas y calles de un solo sentido.

Líneas de bordes

Líneas blancas de carriles

Las líneas blancas de carriles separan los carriles del tráfico que avanza en la misma direcci n.

► **Línea blanca simple discontinua.** Puede cruzar esta línea para cambiar de carril cuando sea seguro hacerlo.

► **Línea blanca simple continua.** Puede circular en la misma direcci n a ambos lados de esta línea, pero no cruce la línea a menos que deba hacerlo para evitar un peligro. También se utiliza para desalentar el cambio de carriles cerca de las intersecciones.

► **Líneas blancas dobles continuas.** No está permitido cruzar una línea s lida doble ni cambiar de carril.

Línea blanca discontinua

Línea blanca continua

Líneas blancas dobles

13

Línea amarilla discontinua

Líneas amarillas dobles

Líneas amarillas dobles
(sobrepaso limitado)

Carriles de giro

Carril central de giro

Carril reversible

Carril para bicicletas

Sharrow

Líneas amarillas de carriles

Las líneas amarillas de carriles separan los carriles que avanza en direcciones opuestas.

- ➤ **Línea amarilla simple discontinua.** Manténgase a la derecha de la línea. Puede cruzar esta línea para adelantar a un vehículo que esté delante de usted por la izquierda s lo cuando sea seguro hacerlo.
- ➤ **Líneas amarillas dobles continuas.** Los vehículos que avanzan en cualquier direcci n no deben pasar ni cruzar estas líneas (a menos que giren a la izquierda cuando sea seguro hacerlo).
- ➤ **Líneas amarillas dobles: continuas a la derecha ("su lado" de la línea), discontinuas a la izquierda.** No está permitido rebasar en este carril. (Puede girar a la izquierda cuando sea seguro hacerlo).
- ➤ **Líneas amarillas dobles: discontinuas a la derecha ("su lado" de la línea), continuas a la izquierda.** Se permite rebasar en este carril cuando sea seguro hacerlo.

Carriles de giro

Con frecuencia, se utilizan flechas con las líneas blancas de carriles para mostrar qué giro se puede realizar desde el carril.

- ➤ El carril se marca con una flecha curva y la palabra "ONLY" (SOLAMENTE): debe girar en la direcci n de la flecha.
- ➤ El carril se marca con una flecha curva y recta: puede girar o avanzar en línea recta.
- ➤ Carretera de doble sentido con carril central: los conductores de cualquiera de las dos direcciones pueden usar el carril central para girar a la izquierda; no debe usarlo para adelantar.

Carriles reversibles

Algunas carreteras cuentan con carriles reversibles de tráfico para ayudar a manejar el tráfico de la hora pico. La direcci n del tráfico normalmente se invierte en horas fijas cada día. Estos carriles están marcados con marcas especiales en el pavimento, señales de carriles y carteles.

Carriles para bicicletas

Algunas calles tienen marcas en el pavimento que indican carriles especialmente designados para el uso exclusivo de bicicletas o para uso compartido.

- ➤ **Carril exclusivo para bicicleta.** Las líneas blancas continuas separan estos carriles de bicicletas de los carriles para vehículos motorizados. A menudo están marcados con se ales/símbolos de carriles de bicicleta.
- ➤ **Carril de uso compartido.** Marcado con marcas de carril compartido ("sharrows"). Estas marcas alertan a los conductores de que los ciclistas pueden utilizar todo el

carril, indican a los ciclistas por d nde deben transitar y evitan circular en direcci n contraria.

Líneas blancas de detención

Las líneas de detenci n indican d nde debe detenerse ante una se al de stop (detenerse) o un semáforo en rojo. Debe detener su vehículo antes de que cualquier parte del mismo cruce la línea antes del cruce peatonal.

Cruces peatonales

Marcado con líneas blancas continuas y a veces rellenado con líneas blancas diagonales o perpendiculares. Muestra d nde deben cruzar los peatones. Los conductores deben ceder siempre el paso a los peatones en un cruce peatonal.

Línea de detención
y senda peatonal

Otras marcas

► Los bordes de las aceras suelen estar marcados en amarillo en las zonas de estacionamiento prohibido cerca de las bocas de incendio o de las intersecciones.
► Las franjas diagonales amarillas o blancas marcan los obstáculos fijos (medianas, zonas de estacionamiento prohibido, etc.).
► Es ilegal aparcar o circular por zonas que tengan marcas en el pavimento que indiquen carriles de incendio o zonas de seguridad.

Se ales de tránsito

Colores de las señales de tránsito		
Rojo	Detener (Stop). No entrar. Sentido contrario. Ceder el paso.	STOP
Naranja	Advertencia sobre construcci n y mantenimiento.	
Amarillo	Advertencia general. Advertencia de condiciones inesperadas en la carretera.	
Amarillo y verde fluorescente	Advertencia de alto énfasis de actividad escolar, de peatones y ciclistas.	
Blanco/Negro	Reglamentario. Control del tráfico; establecimiento de límites o indicaci n de órdenes.	LEFT LANE MUST TURN LEFT
Verde	Guía, o informaci n de direcci n.	101 Tampa
Azul	Directrices para los conductores. También se usa para identificar espacios de estacionamiento para conductores discapacitados.	
Marrón	Áreas de recreaci n pública, importancia cultural e hist rica.	EVERGLADES NAT'L PARK 6 MILES

Formas de las señales de tránsito

Octágono
Detener (Stop)

Triángulo
Ceder el paso

Diamond
Advertencia de peligros
existentes o posibles

Banderín
Zonas de no rebase

Cruz
Cruce de
ferrocarril

Círculo
Advertencia
anticipada de
ferrocarril

Pentágono
Avance escolar/
cruce escolar

**Rectángulo
(Vertical)**
Establece las reglas
en la carretera

**Rectángulo
(Horizontal)**
Guía

Señales reglamentarias

Las se ales reglamentarias controlan el tráfico. Establecen límites o dan órdenes y son ejecutables por ley.

Se al de detenci n (Stop). Debe detener completamente su vehículo en la línea de detenci n. Si no hay línea de detenci n, deténgase antes de entrar en el cruce peatonal. Si no hay un cruce peatonal se alizado, deténgase antes de ingresar a la intersecci n en un punto cercano a la calle que cruza, donde tenga una visi n clara del tránsito que se acerca.

Detenci n en cuatro sentidos. El tráfico de los cuatro sentidos debe detenerse. Los vehículos avanzan por la intersecci n en el orden en que llegaron a esta; el primer vehículo en llegar a la intersecci n debe avanzar primero. Si los vehículos llegan aproximadamente al mismo tiempo, cada conductor debe ceder el paso al conductor de la derecha.

Ceder el paso. Debe reducir la velocidad y dar el derecho de paso a los vehículos que cruzan la intersecci n por su derecha. Si el camino está despejado, puede avanzar lentamente sin detenerse.

No entrar. En las calles y carreteras de un solo sentido en las que no se puede entrar. Puede ver esta se al si ingresa en la rampa de una autopista en direcci n contraria. ¡Gire!

Sentido contrario. Está yendo en sentido contrario. ¡No avance más allá de esta se al! Gire de inmediato.

No rebasar. Está entrando en una zona donde está prohibido rebasar a otros vehículos.

Rebase con cuidado. Está permitido rebasar, pero hágalo con precaución.

Símbolo NO. Círculo rojo con barra diagonal roja. La señal muestra lo que no está permitido hacer.

No girar en U. No debe realizar un giro completo para avanzar en la dirección opuesta cuando esta señal está presente.

No girar a la derecha. No debe girar a la derecha en esta intersección.

Límite de velocidad. Su velocidad no debe exceder la indicada en esta área.

Duplicación de multa por exceso de velocidad. Se colocan en zonas escolares activas y zonas de trabajo. Sus multas se duplicarán si recibe una citación por exceso de velocidad en esta área.

Obligación de girar. No puede continuar hacia adelante. Debe girar a la derecha o a la izquierda.

Un sentido. Debe avanzar solo en el sentido de la flecha.

Permanecer a la derecha. Manténgase a la derecha de la división.

No girar en rojo. No debe girar a la derecha ni a la izquierda mientras esté encendida la luz roja. Debe esperar la luz verde.

El carril izquierdo debe girar. El tránsito en el carril izquierdo debe girar a la izquierda en la intersección de adelante (también debe girar el carril derecho).

Carriles de giro. En la intersección de adelante, el tránsito en el carril izquierdo debe girar a la izquierda y el tránsito en el carril adyacente puede girar a la izquierda o continuar hacia adelante.

No girar. No puede girar a la derecha o a la izquierda en esta intersección.

Carril central de giro. El carril central se comparte para girar a la izquierda en ambos sentidos de circulación.

Comenzar el giro a la derecha. Al ingresar a un carril con giro a la derecha, puede encontrar ciclistas circulando; debe ceder el paso a los ciclistas.

Velocidad de salida. Esta señal indica la velocidad máxima segura para una rampa de salida en una autopista. Reduzca la velocidad a la velocidad indicada.

El tráfico más lento permanece a la derecha. El tráfico más lento debe mantenerse en el carril de la derecha a menos que rebase. El tráfico lento debe salir del carril izquierdo cuando es rebasado por un vehículo más rápido.

Carril restringido adelante. Una marca en forma de diamante muestra que el carril está reservado para determinados propósitos o vehículos, como autobuses o vehículos de transporte grupal durante el tránsito de hora pico. También se usa en carriles para bicicletas.

Sólo parada de emergencia. Sólo debe detenerse en caso de emergencia.

No estacionar en el pavimento. Si se detiene, siempre debe estacionar fuera del pavimento de la carretera.

Estacionamiento solo con permiso de discapacitado. El estacionamiento en este espacio solo está permitido a vehículos que exhiban un permiso oficial de estacionamiento para discapacitados y transporten a una persona con una discapacidad.

Salir del carril. Al acercarse a un vehículo de emergencia o de servicio detenido con las luces intermitentes encendidas, usted debe salir del carril. Si no puede hacerlo, reduzca la velocidad a 20 mph por debajo del límite indicado.

Señales de advertencia

Reducción de carriles. Habrá menos carriles adelante. El carril derecho termina y el tránsito debe incorporarse a la izquierda. Los conductores en el carril de la izquierda deben permitir que los demás vehículos se incorporen.

Carretera dividida adelante. La carretera adelante está dividida por una división o una barrera física. Manténgase a la derecha.

Fin de la carretera dividida. La carretera dividida donde está circulando termina dentro de 350 (105 metros) a 500 pies (150 metros). Accederá a una carretera con tránsito de doble sentido. Manténgase a la derecha.

Tráfico de fusión. Está llegando a un punto donde otro carril de circulaci n se une con el suyo. Tenga cuidado con el tránsito y esté preparado para ceder el paso cuando sea necesario.

Termina el pavimento. La superficie pavimentada más adelante cambia a un camino de grava o tierra.

Baja altura. No ingrese si su vehículo es más alto que la altura que figura en la se al.

Superficie resbaladiza. Con clima h medo, conduzca despacio. No acelere ni frene de repente. Gire a muy baja velocidad.

Hundimiento. Hay una zona baja en la carretera. Avance lentamente y esté preparado para detener y esquivar la zona si está llena de agua.

Cruce para bicicletas. Un carril para bicicletas cruza la calle adelante. Tenga cuidado con los ciclistas.

Cruce para peatones. Tenga cuidado con las personas que cruzan la calle. Reduzca la velocidad o deténgase para ceder el paso a los peatones.

Cruce para animales. El animal que aparece en las se ales es com n en esta área; esté atento a los animales que cruzan la carretera, en particular durante horas de penumbra y por la noche.

Cruce para camiones. Preste atenci n a los camiones que entran o cruzan la carretera.

Puente angosto. El puente es lo suficientemente ancho para dos carriles de tránsito, pero con muy poca separaci n. Permanezca en su carril.

Puente de un carril. El puente es lo suficientemente ancho para un vehículo a la vez. Aseg rese de que el puente esté despejado de tránsito contrario antes de cruzarlo.

Banquina blanda. El suelo al lado de la carretera es blando. No salga del pavimento, salvo en caso de emergencia.

Curva a la derecha. La carretera girará a la derecha. Reduzca la velocidad y no rebase otros vehículos.

 Doble curva. Reduzca la velocidad y no rebase otros vehículos. Reduzca la velocidad y no rebase otros vehículos.

 Carretera en zigzag. Hay varias curvas adelante. Conduzca lentamente y no rebase otros vehículos.

 Cruce de caminos. Un camino cruza la carretera principal adelante. Mire a la izquierda y a la derecha para comprobar si se acerca tránsito.

 Carretera lateral. Otra ruta entra en la carretera desde la direcci n que se muestra. Tenga cuidado con el tránsito desde esa direcci n.

 Giro pronunciado a la derecha. La carretera realizará un giro pronunciado a la derecha. Reduzca la velocidad y no rebase otros vehículos.

Colina/pendiente. La carretera desciende adelante. Reduzca la velocidad y esté preparado para cambiar a una marcha inferior para controlar la velocidad.

 Se al de velocidad recomendada. Se indica la velocidad más alta segura a la que puede para tomar la curva adelante. Las se ales de velocidad recomendada pueden usarse con cualquier señal de advertencia.

 Se al de reducci n de velocidad. Aviso anticipado de un cambio pr ximo en el límite de velocidad.

 Ceder el paso adelante. Se al para ceder el paso adelante. Reduzca la velocidad y esté preparado para detenerse en la se al que indica que ceda el paso o para ajustar la velocidad al tránsito.

 Semáforo adelante. Hay un semáforo en la intersecci n adelante. Reduzca la velocidad; puede haber poca visibilidad.

 Se al de detenci n adelante. Reduzca la velocidad y esté preparado para detenerse en la se al de detenci n.

 Tránsito de doble sentido adelante. La calle o carretera de sentido nico está por cambiar a tránsito de doble sentido; habrá tránsito en sentido opuesto.

 Círculo de rotonda. Anuncia una rotonda con anticipaci n. Prepárese para reducir la velocidad y para, posiblemente, ceder el paso en la rotonda.

Señales informativas

Las señales verdes de guía. Proporcionan información sobre direcciones y distancias. Las carreteras hacia el este-oeste tienen números pares y las carreteras hacia el norte-sur tienen números impares. En Florida, los marcadores de millas indican su ubicación en una carretera interestatal y coinciden con los números de las salidas.

Las señales azules y blancas de servicio. Lo dirigen a los servicios, tales como gasolina, alimentos, moteles y hospitales.

Las señales marrones y blancas. Señalan lugares naturales, parques y áreas de importancia cultural/histórica.

Señales de tránsito

Las señales de control de tránsito se colocan en intersecciones para mantener el tránsito en movimiento y ayudar a prevenir choques. Los conductores, peatones y ciclistas deben respetar estas señales, salvo cuando un oficial dirige el tránsito.
Si una señal de tránsito no funciona y no hay policías presentes, considere la luz/intersección como una señal de alto de cuatro vías (pág. 54).

Luces de señal permanente

Luz roja

- ► Detenga su vehículo por completo en la línea de detención. Permanezca detenido hasta que la luz se ponga verde.
- ► No se detenga demasiado lejos de la línea de detención. Algunas señales cambian solo cuando sus sensores detectan vehículos en la línea de detención.
- ► Después de detenerse, puede girar a la derecha si no hay una señal de NO GIRAR EN ROJO y el camino está despejado.
- ► Puede girar a la izquierda desde una calle de sentido único a una calle de sentido único que tiene tránsito que avanza hacia la izquierda.
- ► Antes de girar, debe ceder el paso a los peatones en el cruce peatonal y al tránsito que avanza.
- ► **¡Pasar (cruzar) una luz roja es ilegal y es extremadamente peligroso!**

Luz amarilla

- ► Advertencia: la luz está cambiando a rojo.
- ► Deténgase si puede hacerlo de forma segura. Es extremadamente peligroso estar en una intersección cuando la luz cambia a rojo.

Luz verde

- ► Avance, pero solo si la intersección está despejada.
- ► Ceda el paso a los peatones en el cruce peatonal y a los vehículos que aún se encuentran en la intersección.
- ► Acérquese a una velocidad que le permita reducir la velocidad si el semáforo cambia.
- ► Cuando gire a la izquierda, debe ceder el paso al tránsito que se acerca y a los peatones.

Flecha roja

► No realice el movimiento que se muestra en la flecha hasta que aparezca la luz verde.

► Después de detenerse, puede girar a la derecha si no hay una se al de NO GIRAR EN ROJO y el camino está despejado.

► Puede girar a la izquierda desde una calle de sentido único a una calle de sentido único que tiene tránsito que avanza hacia la izquierda.

► Debe ceder el paso a los peatones en el cruce peatonal y al tránsito que se acerca.

Flecha amarilla (Permanente)

► La flecha verde termina o la luz está por cambiar a rojo.

► Deténgase si puede hacerlo de forma segura.

Flecha amarilla (Intermitente)

► Se permite el giro en la direcci n de la flecha.

► El tránsito que se acerca tiene luz verde. Ceda el paso al tránsito que se acerca y los peatones.

Flecha verde

► Puede girar en la direcci n de la flecha.

► Si la luz roja se enciende al mismo tiempo, debe estar en el carril adecuado para el giro.

► Debe ceder el paso a los vehículos y peatones en la intersecci n.

Luces intermitentes

Luz roja intermitente. Se utiliza en intersecciones peligrosas. Act e como si fuese una se al de alto; deténgase y contin e cuando sea seguro.

Luz amarilla intermitente.

► Se utiliza en intersecciones peligrosas, o justo antes de ellas.

► Se utiliza también para alertarlo sobre una se al de advertencia, como un cruce escolar o una curva pronunciada. Avance con precauci n.

Señales de carriles

Las se ales de carriles se usan:

► cuando la direcci n del flujo de tránsito cambia durante el día;

► para indicar que una cabina de peaje está abierta o cerrada; o

► para mostrar qué carriles están abiertos o cerrados.

X roja. Nunca conduzca por un carril bajo la X roja.

X amarilla. La se al de carril está a punto de ponerse en rojo.

Flecha verde. Puede utilizar este carril y también debe respetar todas las demás se ales.

Señales de rampas

Se ales de rampas:
- ► controlan la velocidad de los vehículos que entran en una autopista; y
- ► alternan entre rojo y verde; debe esperar la se al verde antes de ingresar a la autopista.

Señales para peatones

Las se ales de peatones muestran palabras o imágenes para indicar cuándo es seguro o no usar un cruce peatonal.

CAMINAR o **"Persona Caminando"**. Puede comenzar a cruzar la calle.

NO CAMINAR o **"Mano Levantada"**. Nunca ingrese al cruce peatonal ni comience a cruzar la calle si la luz de la mano levantada está encendida de manera permanente o se enciende intermitentemente. Si ya se encuentra en el cruce peatonal cuando esta se al comienza a encenderse intermitentemente, debe terminar de cruzar la calle rápidamente.

Señal de cuenta regresiva. La cuenta regresiva comienza en el inicio de la fase con "NO COMENZAR" (mano que se enciende intermitentemente) y finaliza con un cero y "NO CAMINAR" (mano roja encendida permanentemente). Una vez que comienza la cuenta regresiva y la mano se enciende de manera intermitente, ya no es seguro ingresar al cruce peatonal.

Se al rectangular que emite destellos rápidos. Presione el bot n para activar la se al. Una vez que las luces comiencen a destellar y el tránsito que se aproxima se detiene, use el cruce peatonal. Los conductores deben detenerse y ceder el paso a los peatones en el cruce peatonal.

Cruce peatonal activado de alta intensidad (HAWK, High-Intensity Activated Crosswalk).

- ► Cuando se acerca a una se al de cruce peatonal **SIN LUCES**, si la intersecci n está despejada, avance.
- ► Si hay una **LUZ AMARILLA INTERMITENTE**, reduzca la velocidad, porque esa luz indica que un peat n activó el bot n para cruzar. Acérquese a una velocidad que le permita detenerse si la luz cambia.

- ► Si hay una **LUZ AMARILLA FIJA**, prepárese para detenerse.
- ► Si hay una **LUZ ROJA FIJA**, frene para que el peat n cruce.
- ► Si hay una **LUZ ROJA INTERMITENTE**, avance con precauci n. Si no hay peatones y la intersecci n está despejada, avance.

Zonas de precaución

Señalización de zonas escolares

Señal de escuela. Está cerca de una escuela. Tenga cuidado con los niños en todo momento, no solo durante el horario escolar.

Cruce escolar. Reduzca la velocidad y tenga cuidado con los niños que cruzan la calle. Deténgase de ser necesario. Respete las señales de los guardias de cruce.

Comienzo de la zona escolar. No exceda el límite de velocidad de zona escolar durante el horario indicado o cuando la luz está destellando.

Final de la zona escolar. Marca el final de una zona escolar de velocidad reducida.

Señales de construcción/mantenimiento

Se utilizan varios dispositivos de control del tránsito en las áreas de trabajos de construcción y mantenimiento de carreteras para dirigir a los conductores y peatones de forma segura por el sitio de trabajo. Esté preparado para reducir la velocidad y tenga precaución cuando así lo indique una señal, bandera o agente del orden público. **No hacerlo es ilegal y peligroso para aquellas personas que trabajan en la zona de construcción.** (Las señales indicarán dónde se duplican las multas por exceso de velocidad cuando hay trabajadores presentes).

Señales de construcción y mantenimiento. Las señales, con frecuencia en forma de rombo o de color naranja, informan a los conductores sobre condiciones inusuales o potencialmente peligrosas cerca de las áreas de trabajo.

Los dispositivos de canalización incluyen barricadas, paneles verticales, tambores y conos. Las franjas de las barricadas y de los dispositivos de paneles tienen una inclinación hacia abajo en la dirección en que debe circular el tráfico. Estos dispositivos alertan a los conductores de condiciones inusuales o potencialmente peligrosas en las carreteras y zonas de trabajo. Estos dispositivos pueden estar equipados con luces de advertencia durante la noche para guiar a los conductores con seguridad.

Paneles de flechas intermitentes. Se usan tanto de día como de noche para avisar con antelación y dar información de dirección cuando es necesario cambiar de carril.

Señalizadores. Personas que trabajan en las zonas de construcción/ mantenimiento de carreteras para detener, hacer reducir la velocidad o guiar al tránsito de forma segura por el área. Los señalizadores usan chalecos o chaquetas de color brillante/ fluorescentes y usan banderas o señales rojas para dirigir el tránsito por las zonas de trabajo.

Señales de cruce de ferrocarril

Existen varias señales, indicaciones y marcas en el pavimento que indican un cruce de carretera-ferrocarril. Al ver una de ellas, reduzca la velocidad y esté preparado para detenerse. **No se detenga en las vías del ferrocarril ni dentro de los 15 pies (4.5 metros) del cruce.**

Cualquier conductor, ciclista o peatón que se acerca a un cruce de carretera o ferrocarril debe detenerse a menos de 50 pies (15 metros), pero no menos de 15 pies (4.5 metros), del riel más cercano del ferrocarril cuando:

- ► Los dispositivos de advertencia están destellando.
- ► La barrera de cruce está baja.
- ► El encargado de la señalización advierte que se acerca un tren; o
- ► El tren que se acerca está claramente visible.

Señal de advertencia anticipada. Habitualmente, esta es la primera señal que observa al acercarse a un cruce de carretera-ferrocarril.

Señal de cruce. Son señales para ceder el paso; debe ceder el paso a los trenes. Una señal debajo del paso a nivel indicará el número de vías, si hay más de una vía.

Señales de luz roja intermitente. En numerosos cruces, la señal de cruce posee luces rojas intermitentes y campanas. Cuando las luces comienzan a destellar, ¡deténgase de inmediato! Se acerca un tren.

Marcas en el pavimento. Puede haber marcas pintadas en el pavimento al acercarse a un cruce, antes de la línea de detención.

Envolvente dinámica. Una serie de marcas en la calzada en los cruces de ferrocarril de la zona **diseñados para mantener a los automovilistas fuera de la zona de peligro**. Las marcas blancas de la calzada en forma de X de conexión que se encuentran dentro de las envolventes dinámicas se utilizan para resaltar visualmente las distancias de parada en los cruces de ferrocarril para aumentar la seguridad de los automovilistas.

Barreras. Muchos cruces tienen barreras con luces rojas intermitentes y campanas. Deténgase cuando las luces comienzan a destellar y antes de que baje la barrera sobre el carril del camino. **Es contrario a la ley evitar o pasar debajo de una barrera, cuando está baja o cuando se abre o cierra, y es extremadamente peligroso.**

Recuerde:
- ► Reduzca la velocidad al acercarse a los cruces de ferrocarril.
- ► Prepárese para detenerse, especialmente al estar detrás de un autob s o cami n; muchos deben detenerse en un cruce de ferrocarril, incluso si la barrera está levantada/las luces no destellan.
- ► Si hay más de una vía, aseg rese de que todas estén despejadas antes de cruzar.
- ► En tránsito intenso, aseg rese de que haya lugar para su vehículo al otro lado de la vía antes de cruzar.
- ► Los trenes con frecuencia parecen viajar a una velocidad menor de la real, y no pueden detenerse rápido. No intente "vencer al tren"; el tren siempre gana.

Señales de puente levadizo

Los puentes levadizos son puentes mecánicos sobre aguas navegables que se levantan o giran para permitir que el tránsito marino pase por debajo de ellos.

Señal amarilla intermitente. Cuando destella la luz amarilla, el puente levadizo está funcionando. Reduzca la velocidad y prepárese para detenerse.

Se al del puente levadizo

- ► **Rojo.** Detenga su vehículo por completo en la línea de detenci n marcada. El puente está funcionando y la carretera está cerrada para todo el tránsito de peatones y vehículos motorizados.
- ► **Amarillo.** El semáforo está a punto de ponerse en rojo. Deténgase si puede hacerlo de forma segura. El puente está a punto de entrar en funcionamiento.
- ► **Verde.** Avance con precauci n.

Barreras. Muchos puentes levadizos tienen barreras con luces rojas intermitentes y campanas. Deténgase cuando las luces comienzan a destellar y antes de que baje la barrera sobre el carril del camino. **Es contrario a la ley evitar o pasar debajo de una barrera, cuando está baja o cuando se abre o cierra, y es extremadamente peligroso.**

CONDUCIR DE MANERA SEGURA

5

Límites de velocidad

Respetar el límite de velocidad reduce la probabilidad y la gravedad de los choques. El exceso de velocidad es extremadamente peligroso. Cuanto más rápido conduce, mayor es la potencia de impacto o golpe de su vehículo:

- Al **duplicar** la velocidad de un autom vil, aumenta su fuerza de impacto **cuatro veces.**
- Al **triplicar** la velocidad de un autom vil, aumenta su fuerza de impacto **nueve veces.**

Es ilegal conducir con exceso de velocidad. Debe respetar el límite de velocidad y **usted es responsable de conocer el límite de velocidad cuando conduce.** (La "tolerancia de velocidad" es un mito; no está "autorizado" a conducir hasta 10 mph [16 km/h] por encima del límite de velocidad). Observe y respete las se ales de límite de velocidad. *El exceso de velocidad es la citación #1 emitida a los adolescentes. (Fuente: FLHSMV)*

Límites de velocidad estándar de Florida	
Zonas escolares	**20 MPH** (32 km/h)
Zona municipal, comercial o residencial	**30 MPH*** (48 km/h)
Calles y carreteras	**55 MPH*** (88 km/h)
Carreteras de acceso limitado (ver la definici n en la página 34)	**70 MPH** (112 km/h)

Velocidad máxima, salvo que se indique lo contrario.

Los límites de velocidad indican la mayor velocidad a la que puede conducir en condiciones favorables. Usted es responsable de adaptar su velocidad de conducci n a las condiciones del clima, la carretera y el tránsito. Por ejemplo, durante una tormenta, debe conducir más lento que el límite de velocidad indicado. **La velocidad más segura es una velocidad que le permita tener un control completo de su vehículo y evitar las colisiones.**

Sin embargo, conducir demasiado lento también es contrario a la ley de Florida. No debe conducir demasiado lento ya que puede bloquear o retrasar el tránsito que avanza a velocidad normal y segura. Debe conducir con el flujo del tránsito, dentro del límite de velocidad. Al conducir más lento que el flujo del tránsito, manténgase a la derecha para que otros vehículos puedan rebasarlo de forma segura. En carreteras, cuando el límite de velocidad indicado es de 70 mph (112 km/h), el límite de velocidad mínima es de 50 mph (80 km/h).

Distancia de frenado

Distancia de percepci n. La distancia que recorre su vehículo (en condiciones climáticas favorables) desde el momento en el que los ojos detectan un peligro hasta que el cerebro lo reconoce. La distancia de percepci n se puede ver afectada por condiciones mentales y físicas, medicamentos, la visibilidad y el peligro mismo. El tiempo promedio de percepci n para un conductor alerta es de ¾ de segundo a 1 segundo.

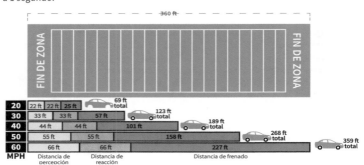

Distancia de reacci n. La distancia que seguirá recorriendo después de ver el peligro, hasta tocar físicamente el freno. El conductor promedio tiene un tiempo de reacci n de ¾ de segundo a 1 segundo. A 50 mph (80 km/h), esto representa 55 pies (16 metros) recorridos.

Distancia de frenado. La distancia que recorrerá su vehículo (en condiciones climáticas favorables) mientras usted frena. A 50 mph (80 km/h) sobre el pavimento seco y con buenos frenos, puede ser de alrededor de 158 pies (48 metros).

Las altas velocidades aumentan significativamente las distancias de frenado y la gravedad de los choques. Cuanto más rápido conduce, mayor es la potencia de impacto o golpe de su vehículo.

- ► Duplicar la velocidad significa que la distancia de frenado y el impacto son 4 veces mayores.

- ► Triplicar la velocidad significa que la distancia de frenado y el impacto son 9 veces mayores. (La distancia de detenci n equivale a un campo de f tbol.)

- ► Cuadruplicar la velocidad significa que la distancia de frenado y el impacto son 16 veces mayores.

Distancia total de detenci n. La distancia mínima que su vehículo recorrerá, incluida la distancia de percepci n, la distancia de reacci n y la distancia de frenado, hasta que pueda detener su vehículo por completo. A 50 mph (80 km/h), recorrerá un mínimo de 268 pies (82 metros)... prácticamente lo que mide de largo un campo de f tbol.

Detención suave

Detenerse de repente es peligroso y habitualmente ocurre por no prestar atención al flujo de tránsito o seguir a otro vehículo muy de cerca. Las detenciones repentinas dificultan que los conductores detrás de usted eviten un choque trasero. Para asegurarse de que esté frenando de forma suave:

► Mire todos los espejos y puntos ciegos para detectar el tránsito detrás de su vehículo.
► Suelte el acelerador para que el vehículo reduzca la velocidad. Presione el pedal de freno para activar las luces de freno y use una presión firme.

Giros

► Debe usar las señales de dirección del vehículo o señalar con la mano para indicarles a otros conductores que girará.
► **Las señales de giro también son obligatorias por ley al cambiar de carril o al rebasar a un vehículo.**
► Debe encender la señal de giro al menos 100 pies (30 metros) ANTES de girar.
► Es ilegal usar las señales de dirección para indicar a los conductores detrás de su vehículo que pueden rebasarlo
► Las señales con las manos deben hacerse desde el lado izquierdo del vehículo.

Nota: Los ciclistas pueden extender horizontalmente la mano y el brazo derechos desde el lado derecho de la bicicleta para indicar un giro a la derecha.

Girar en una esquina puede parecer una operación simple, pero muchos choques se producen debido a que los conductores no giran correctamente.

1. **Reduzca la velocidad de giro a una velocidad segura.**
2. Póngase en el carril correcto cuando se acerque a la intersección. El carril correcto para un giro a la derecha es el carril más a la derecha.
3. Debe activar la señal de giro al menos 100 pies (30 metros) antes de realizar el giro. De tiempo para que los conductores a su alrededor vean su señal antes de avanzar.
4. Respete las señales de **NO GIRAR EN ROJO** o **DETENERSE AQUÍ**.
5. Ceda el paso a los ciclistas al cruzar un carril para bicicletas o a los peatones que pueden cruzar por su camino.
6. Permanezca en el carril correcto durante el giro. Ceda el paso a los vehículos y bicicletas que avanzan en dirección opuesta.
7. Termine su giro en el carril correcto. Gire a la derecha en el carril de la derecha de la calle a la que ingresa. Puede completar un giro a la izquierda en cualquier carril legalmente disponible, o seguro, para la dirección deseada de circulación.

Nunca haga giros a último momento. Si llega a una intersección donde desea girar y no se encuentra en el carril correcto, conduzca hasta la siguiente intersección y luego gire desde el carril correcto.

Giro a la derecha*

Reducir la velocidad o detenerse

Giro a la izquierda

Giro de tres puntos

En ocasiones deberá girar en un espacio muy reducido. Use un giro de tres puntos solo si la carretera es demasiado angosta para realizar un giro en U y no puede dar vuelta a la manzana.

Para realizar un giro de tres puntos:

1. Muévase hacia la derecha lo más que pueda, verifique si hay tránsito, y haga una seal de giro a la izquierda. Gire el volante bien hacia la izquierda y avance lentamente. Deténgase en el borde de la acera.
2. Ponga reversa, gire las ruedas bien hacia la derecha, verifique si hay tránsito, y retroceda su vehículo hacia el borde derecho de la acera.
3. Ponga el vehículo en marcha y avance con cuidado hacia delante.

Nunca haga un giro de tres puntos ni un giro en U en una curva, una colina, la carretera o cuando hay una seal que prohíbe los giros en U.

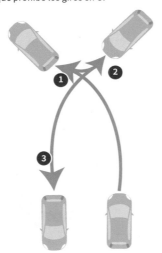

Intersecciones

Muchas intersecciones están marcadas con líneas de detenci n para mostrarle que debe detenerse por completo. Siempre deténgase detrás de las líneas de detenci n. Luego de detenerse por completo, debe ceder el paso a los vehículos que ya se encuentran en la intersecci n y a los peatones. Avance cuando se despeje el camino.

Los vehículos avanzan por la intersecci n en el orden en que llegaron a esta; el primer vehículo en llegar a la intersecci n debe avanzar primero. Si los vehículos llegan aproximadamente al mismo tiempo, cada conductor debe ceder el paso al conductor de la derecha.

En una zona de detenci n de doble sentido, el vehículo que gira cede el paso al vehículo que sigue derecho.

> **Las reglas de derecho de paso** indican quién pasa primero y quién debe esperar en diferentes situaciones. La ley dice quién debe ceder (dar) el paso. *Todo conductor, motociclista, conductor de motoneta (scooter), ciclista y peatón debe hacer todo lo posible para evitar un accidente.*

Intersecciones abiertas

Una intersecci n abierta es aquella que carece de se ales de control del tráfico. Cuando ingresa a una intersecci n abierta, debe ceder el paso en los siguientes casos:

- ► Si un vehículo se encuentra en la intersecci n.
- ► Si ingresa o cruza una carretera estatal desde una carretera secundaria.
- ► Si ingresa en una carretera pavimentada desde una no pavimentada.
- ► Si desea girar a la izquierda y hay un vehículo acercándose desde la direcci n opuesta.

Rotondas

Una rotonda es una intersección circular sin señales de tránsito.

- ► Las rotondas circulan en sentido único en dirección contraria a las agujas del reloj.
- ► Los conductores que ingresan a la rotonda deben ceder el paso a los vehículos que ya circulan por la rotonda.
- ► Si no hay vehículos en la rotonda, puede entrar sin ceder el paso.
- ► No cambie de carril en la rotonda.
- ► No se detenga en una rotonda.
- ► Haga una señal de aviso antes de salir de la rotonda.

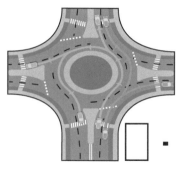

Rotondas de varios carriles: Estos tienen las mismas reglas que las rotondas de un solo carril; sin embargo, deberá elegir el carril adecuado antes de ingresar en la rotonda. Para seguir derecho o girar a la derecha, use el carril derecho. Para seguir derecho o girar a la izquierda y para hacer un giro en U, use el carril izquierdo.

Antes de ingresar o salir de la rotonda, los conductores deben ceder el paso a los peatones en los cruces peatonales. Los ciclistas pueden tomar el carril de la rotonda o usar el borde de la acera.

Entradas para automóviles

Los conductores que ingresan a una carretera desde una entrada para automóviles, un pasaje o el borde de la carretera deben ceder el paso a los vehículos que ya se encuentran en la carretera, así como también a los peatones y ciclistas que van por la acera o los carriles para bicicletas.

Carriles de tránsito

En una autopista de doble sentido, siempre debe conducir en el carril derecho, excepto cuando se está adelantando y rebasando a otro vehículo (donde esté permitido).

Si la carretera tiene cuatro o más carriles con tránsito de doble sentido, conduzca en los carriles derechos, excepto cuando se adelanta y rebasa a otro vehículo.

El carril central de una carretera de tres o cinco carriles se utiliza únicamente para girar a la izquierda.

Carriles HOV

Algunas carreteras reservan el carril izquierdo para vehículos con dos o más ocupantes, o vehículos híbridos o de baja emisión (LEV, Low Emission Vehicles). Los LEV deben llevar una calcomanía y completar el Formulario 83027 del FLHSMV. Estos carriles para vehículos con ocupación alta (HOV, High Occupancy Vehicle) están identificados mediante letreros o símbolos de diamante en el pavimento, y están separados por una zona de delimitación con rayas. Los vehículos pueden ingresar y salir del carril HOV solo en los puntos designados.

Carriles para bicicletas

No se permite la circulación de vehículos motorizados en los carriles para bicicletas; los vehículos pueden cruzarlos en las intersecciones, pero solo cuando no hay ciclistas en el carril para bicicletas.

Reflectores rojos

La presencia de reflectores rojos en las líneas de los carriles siempre quiere decir que va en sentido contrario y podría sufrir un choque frontal.

- Si ve reflectores rojos en direcci n a usted en las líneas del carril, está en el lado incorrecto de la carretera. ¡Gire o pase al carril adecuado inmediatamente!

- Si ve reflectores rojos en las líneas del borde de la carretera, está yendo en direcci n contraria en una rampa de ingreso o salida. ¡Deténgase al lado de la carretera inmediatamente! Dé la vuelta cuando sea seguro hacerlo.

Distancias de seguimiento seguras

Las colisiones traseras se producen con mayor frecuencia a causa de que los conductores conducen demasiado cerca. Mantener una distancia de seguridad (el espacio entre usted y el vehículo delante de usted) lo suficientemente amplia lo ayuda a evitar una colisi n con el vehículo que va adelante. Cuanta más distancia haya entre su vehículo y los demás, más tiempo tiene para reaccionar. Mantenga una distancia mínima de seguimiento de cuatro segundos en condiciones meteorológicas y de tráfico favorables. (Aumente la distancia de seguimiento durante condiciones meteorol gicas o de tráfico desfavorables).

Para determinar la distancia de seguimiento:

1. Mire cuando la parte trasera del vehículo que va delante pasa por una marca estacionario, tal como una se al o un poste de luz.
2. Cuente los segundos que le lleva llegar a esa misma marca: "Mil uno, mil dos, mil tres, mil cuatro".
3. Si pasa por el marcador estacionario antes de contar hasta mil cuatro,

está demasiado cerca detrás del otro vehículo.

4. Reduzca la velocidad y luego vuelva a contar en otro punto estacionario. Repita la operaci n hasta que esté siguiendo al vehículo que va delante a no menos de cuatro segundos.

Aumente su distancia de seguimiento en estas situaciones:

- Cuando llueve o las carreteras están mojadas.
- Cuando haya baja visibilidad: anochecer, amanecer, noche, niebla, etc.
- Cuando lo están rebasando (deje más espacio delante de su vehículo, de modo que puedan rebasarlo de forma segura).
- Cuando lleva una carga pesada o un remolque. (El peso extra hace que sea más difícil detenerse rápidamente o girar correctamente).
- Cuando está detenido detrás de otro vehículo en una pendiente; es posible que el vehículo ruede hacia atrás antes de avanzar.
- Cuando va detrás de alguno de los siguientes:
    - **Motocicletas.** La probabilidad de que un motociclista se caiga es mayor en carreteras mojadas o de grava, o en superficies metálicas, tales como los puentes. Necesitará más distancia para detenerse o girar y evitar así chocar contra la motocicleta o el motociclista.
    - **Vehículos de emergencia.** Es ilegal seguir a menos de 500 pies (150 metros) a un cami n de bomberos que responde a una emergencia.
    - **Vehículos que deben detenerse completamente en los cruces de ferrocarril**, tales como autobuses, autobuses escolares y vehículos que transportan materiales peligrosos.

▶ **Vehículos con vista trasera bloqueada.** Los conductores de camiones, autobuses, furgonetas o vehículos que llevan remolques no pueden ver su vehículo cuando usted está muy cerca detrás de ellos.

Si su vehículo es seguido muy de cerca, reduzca la velocidad y manténgase a la derecha.

Distancia de seguimiento para camiones
Un camión o cualquier vehículo que remolque a otro no debe seguir a menos de 300 pies (90 metros) a otro camión o vehículo que remolque un vehículo. Esta ley no se aplica al momento de adelantarse o rebasar, y no se aplica dentro de las ciudades o pueblos.

Puntos ciegos

Los puntos ciegos son áreas cerca de la esquina izquierda y derecha de su vehículo que usted no puede ver en sus espejos retrovisores ni con su visión periférica. Antes de moverse para cambiar de carril en una carretera, para rebasar a alguien en una ruta o para girar de cierta forma, mire hacia los lados para asegurarse de que no haya nada en esas áreas.

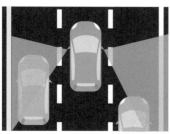

Puntos ciegos (aproximación)

No conduzca en el punto ciego de otro vehículo. Muévase hacia adelante o hacia atrás para que el conductor pueda verlo. Cuanto más grande sea el vehículo, más grandes serán los puntos ciegos. Los camiones y los vehículos utilitarios deportivos grandes tienen puntos ciegos cerca de la parte trasera del vehículo que no pueden ver en los espejos retrovisores. (Consulte las "Zonas de no visibilidad" en la página 44).

Rebase

1. Debe activar su señal de giro antes de moverse al carril izquierdo para indicarles a otros que está por cambiar de carril para rebasar.
2. Manténgase a una distancia segura detrás del vehículo al que desea rebasar; cuanto más se acerca, menos puede ver hacia delante.
3. Antes de moverse de carril para adelantarse, verifique sus puntos ciegos y asegúrese de tener tiempo y espacio suficientes para el rebase.
4. Toque la bocina (de día) o haga una señal con las luces delanteras (de noche) para que el otro conductor sepa que lo va a rebasar.
5. No vuelva al lado derecho de la carretera hasta que pueda ver los neumáticos del vehículo que rebasa en su espejo retrovisor. Indique con la señal cuando vaya a volver a su carril.
6. Debe volver al lado derecho de la carretera antes de estar a 200 pies (60 metros) de un vehículo que se acerca.

No intente rebasar a más de un vehículo por vez. Pasar varios vehículos es peligroso.

Rebasar por la derecha
Rebasar por la derecha es legal únicamente cuando hay dos o más carriles de tránsito en la misma dirección o cuando el vehículo que rebasa está haciendo un giro a la izquierda.

33

No debe rebasar:

- ► donde hay una sola línea continua o una línea continua doble que divide los carriles.
- ► cuando la línea amarilla doble es continua del lado de su carril.
- ► en zonas marcadas como "No rebasar" o "Prohibido rebasar".
- ► en colinas o curvas donde no puede ver al menos 500 pies (150 metros) hacia delante.
- ► a menos de 100 pies (30 metros) de un puente, viaducto, túnel, cruce de ferrocarril o intersecci n.
- ► cuando hay un autob s escolar detenido y tiene encendidas las luces intermitentes y desplegada la señal de detenci n; y
- ► en los cruces peatonales cuando un vehículo se ha detenido para dejar cruzar a un peat n.

Manténgase dentro del límite de velocidad. Es ilegal exceder el límite de velocidad en el rebase.

Al ser rebasado

No debe aumentar la velocidad mientras otro vehículo lo rebasa. Muévase hacia el lado derecho de su carril para darle a los conductores que lo rebasan más espacio y una mejor visi n de la carretera hacia delante.

Carreteras de acceso limitado

Las carreteras de acceso limitado (también llamadas autopistas, carreteras interestatales, turnpikes, carreteras de peaje y autovías) son carreteras de múltiples carriles sin señales de detenci n, semáforos ni cruces de ferrocarril. No se permite el acceso de peatones, autoestopistas, vehículos tirados por animales ni bicicletas a motor o motocicletas scooter (con 150 centímetros cúbicos de cilindrada o menos) a las carreteras de acceso limitado.

Entrada y salida en carreteras de acceso limitado

Todas las entradas en una carretera de acceso limitado tienen tres partes básicas: una rampa de entrada, un carril de aceleraci n y un área de incorporaci n.

Cuando entre en una carretera de acceso limitado:

1. En la rampa de entrada, comience a verificar si hay un lugar libre en el tránsito. Indique con una señal que intenta entrar en la autopista.
2. Aumente su velocidad a medida que la rampa se vuelva más recta y se convierta en el carril de aceleraci n. Ajuste su velocidad para poder incorporarse de manera segura al tránsito cuando llega al final del carril de aceleraci n.
3. Incorp rese al tránsito cuando pueda hacerlo de manera segura. Debe ceder el paso a los vehículos que circulan por la carretera. No se detenga en el carril de aceleraci n, a menos que haya demasiado tránsito como para que usted ingrese de manera segura.

Cuando salga de una carretera de acceso limitado:

1. Tome el carril de salida. La mayoría de las salidas son desde el carril derecho.
2. Active su señal de giro para mostrar su intenci n de salir.

Manténgase a una distancia segura detrás del vehículo al que desea sobrepasar. Cuanto más se acerca, menos puede ver hacia delante.

3. Disminuya la velocidad en el carril de desaceleración. Verifique la velocidad segura indicada para la rampa de salida.
4. No haga giros de último momento hacia una salida. Si se pasó de su salida, debe salir en la siguiente.

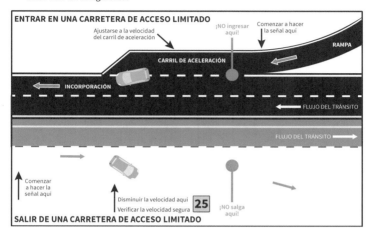

ENTRAR EN UNA CARRETERA DE ACCESO LIMITADO

Ajustarse a la velocidad del carril de aceleración

¡NO ingresar aquí!

Comenzar a hacer la señal aquí

RAMPA

CARRIL DE ACELERACIÓN

INCORPORACIÓN

FLUJO DEL TRÁNSITO

FLUJO DEL TRÁNSITO

Comenzar a hacer la señal aquí

Disminuir la velocidad aquí
Verificar la velocidad segura **25**

¡NO salga aquí!

SALIR DE UNA CARRETERA DE ACCESO LIMITADO

Recordatorios de seguridad en carreteras de acceso limitado

Planifique con antelación. Conozca sus salidas. En Florida, estas coinciden con los marcadores de millas de la carretera.

Conduzca por el carril derecho y rebase por la izquierda. Mientras esté en el carril derecho, preste atención a los automóviles que entren en la carretera. Ajuste su velocidad o muévase de modo que puedan entrar de manera segura.

Nunca conduzca ni estacione en la mediana central.

Nunca se detenga en el pavimento, la banquina o la rampa de conexión, excepto en caso de emergencia. Si su vehículo se avería, debe moverlo completamente fuera del pavimento. (No más de seis horas).

No siga a otro vehículo demasiado cerca. Las colisiones en la parte trasera son el mayor peligro en las carreteras de acceso limitado.

Nunca retroceda en una rampa de entrada o una rampa de salida. La ÚNICA excepción a esto es si ve un cartel de SENTIDO CONTRARIO o NO ENTRAR, o reflectores rojos en las líneas del carril. Debe retroceder o dar la vuelta.

Deje de conducir cuando se sienta cansado. No se arriesgue a quedarse dormido al volante.

Respete la Ley de Moverse a un lado (Move Over Law) (página 44).

Estacionamiento

Cuando estacione en una carretera pública, muévase lo más lejos posible del tránsito. No debe estacionar a más de 12 pulgadas (30 cm) del borde de la acera. Si hay banquina, estacione sobre esta lo más lejos que pueda.

Siempre estacione del lado derecho de la carretera, a menos que sea una calle de sentido único. Estacione paralelamente al borde de la acera en la dirección del movimiento del tránsito, con las ruedas del lado derecho en paralelo al borde de la acera o al lado derecho de la carretera y a una distancia de 12 pulgadas (30 cm) de estos. Pise el freno de estacionamiento y ponga el cambio en posición de estacionamiento (transmisión automática) y en reversa (transmisión manual). Apague el motor y cierre el vehículo. Las leyes de Florida exigen que lleve consigo las llaves del vehículo antes de irse.

Siempre verifique el tránsito a su alrededor antes de salir del vehículo, de modo que al abrir la puerta no golpee a un ciclista u otro vehículo.

Antes de comenzar a andar cuando esté estacionado, asegúrese de que el camino esté libre. Haga la señal de giro adecuada y ceda el paso a otros vehículos antes de alejarse de la acera.

Estacionamiento en colinas

1. Gire las ruedas para que, si su vehículo empieza a moverse, ruede lejos del tráfico o hacia el borde de la acera.
2. Ponga el freno de estacionamiento.
3. Transmisión automática: ponga el cambio en posición de estacionamiento. Transmisión manual: ponga el cambio en reversa (con pendiente hacia abajo) o en primera (con pendiente hacia arriba).
4. Apague el vehículo

Es ilegal estacionarse en:

- ► Cruces peatonales
- ► Aceras
- ► Carriles para bicicletas
- ► Intersecciones
- ► Puentes
- ► Pasos elevados
- ► Túneles
- ► Delante de entradas para automóviles
- ► Junto a los bordes de acera pintados de color amarillo
- ► En zonas de **NO ESTACIONAR** o **ESTACIONAMIENTO PARA DISCAPACITADOS**
- ► En la calle junto a otro vehículo estacionado (estacionamiento en doble fila)
- ► En el pavimento de la carretera si no tiene marcas de estacionamiento
- ► En cualquier lugar que bloquee el paso o cree un peligro para otros vehículos
- ► O dentro de las siguientes distancias:
  - ► 15 pies (4.50 metros) de un hidrante.
  - ► 20 pies (6 metros) de una intersección.
  - ► 20 pies (6 metros) de la entrada a una estación de bomberos, ambulancia o rescate.

Cuesta abajo. Girar las ruedas hacia el cordón.

Cuesta arriba con cordón. Girar las ruedas hacia el lado opuesto del cordón.

Cuesta arriba sin cordón. Girar las ruedas hacia la derecha.

- 30 pies (9 metros) de un buzón de correo rural en una carretera estatal (8 AM–6 PM).

- 30 pies (9 metros) de cualquier señal intermitente, señal de detención o señal de tránsito.

- 50 pies (15 metros) de un cruce de ferrocarril.

Luces de estacionamiento

Es ilegal conducir utilizando solo las luces de estacionamiento (en lugar de las luces delanteras).

Estacionamiento directo

Cuando está estacionado correctamente, el vehículo debe estar centrado dentro del espacio sin que ninguna parte de este se extienda hacia el carril de circulación.

Retroceso

1. Verifique detrás de su vehículo antes de subir. Desde el asiento del conductor, no pueden verse los niños u objetos pequeños.

2. Coloque el brazo derecho detrás del asiento del pasajero y gire de modo que pueda ver directamente por la ventanilla trasera. No confíe en el espejo retrovisor o los espejos laterales, porque no puede ver directamente detrás de su vehículo. No confíe completamente en cámaras/ alarmas; no siempre detectan a los niños y animales pequeños.

3. Retroceda lentamente, su vehículo es más difícil de dirigir cuando retrocede.

4. Siempre que sea posible, pídale a una persona fuera del vehículo que lo ayude a retroceder.

Las bicicletas no se ven con claridad.

COMPARTIR
LA CARRETERA

FLHSMV

Suelte Eso
Concéntrese en la
conducción

Conducir distraído pone en peligro
a todo el mundo en la carretera.

El mensaje de texto puede esperar, suelte eso
y concéntrese en la conducción.

FLHSMV.GOV/*DISTRACTED*

COMPARTIR LA CARRETERA

6

Compartir la carretera con peatones

Es responsabilidad de los conductores hacer todo lo posible para evitar el choque contra un peatón (persona camina). Cuando están en un cruce peatonal o entrada para peatones, los ciclistas y las personas que andan en patineta o monopatín se consideran peatones.

Reglas para los conductores

1. Debe detenerse y permanecer detenido para dejar pasar a los peatones que cruzan una calle o una entrada para automóviles en cualquier cruce, entrada o intersección marcados.

2. Al ingresar o salir de un pasaje, una entrada para automóviles o una calle privada, debe detenerse para dejar pasar a los peatones por la acera.

3. Nunca bloquee el cruce peatonal cuando se detiene en el semáforo en rojo. Asegúrese de que ninguna parte de su vehículo sobrepase el cruce peatonal.

4. La ley de Florida prohíbe que se adelante y rebase a un vehículo detenido ante un cruce peatonal para permitir que un peatón cruce la calle. Un conductor que se acerca desde atrás a un vehículo detenido en un cruce peatonal debe suponer que puede haber un peatón cruzando, aunque no pueda ver a ninguno en ese momento.

5. Deténgase siempre antes de girar a la derecha con luz roja y observe hacia ambos lados para ver si hay peatones en el cruce peatonal.

6. Deténgase por completo, ceda el paso y tenga especial precaución cuando se acerque a alguno de los siguientes:

   ► un peatón con discapacidad visual que lleve un bastón blanco con la punta roja o que vaya guiado por un animal de servicio.

   ► personas con movilidad reducida (que usen un andador, una muleta, un bastón ortopédico o una silla de ruedas) y peatones que utilicen la ayuda de un perro guía o de un animal de servicio; o

   ► niños o cualquier peatón confundido o discapacitado.

Reglas para los peatones

1. Los peatones no deben caminar por la carretera si hay una acera disponible.

2. Cuando camina por una calle sin acera, siempre camine por la banquina del lado derecho, **de cara al tránsito.**

3. Cruce la calle en las intersecciones o cruces peatonales designados. Los cruces peatonales en las intersecciones pueden estar marcados o no.

4. Los peatones deben dar paso a los vehículos si están cruzando una carretera en cualquier parte diferente de un cruce peatonal.

5. Los peatones deben dar paso a los vehículos en el cruce peatonal si la señal del cruce peatonal es de color rojo o dice NO CAMINAR.

Consejos de seguridad para los peatones

► Nunca entre en la calle entre dos automóviles estacionados. Use siempre el cruce peatonal.

► Deténgase en el borde de la acera o en el borde de la calle si no hay acerca. Mire hacia la izquierda, luego hacia la derecha y nuevamente hacia la izquierda para verificar si hay vehículos en movimiento antes de salir a la calle.

► Hágase ver. Use colores brillantes, fluorescentes o reflectantes. Lleve una linterna de noche.

► No envíe mensajes de texto mientras camina.

► Evite usar auriculares para poder escuchar el tránsito que lo rodea.

Compartir la carretera con bicicletas

En Florida, una bicicleta se define legalmente como un vehículo y tiene todos los privilegios, derechos y responsabilidades en las calles p blicas (excepto en las carreteras de acceso limitado) que tiene un usuario de un automóvil.

Los ciclistas pueden salirse del carril para bicicletas hacia el carril de circulaci n por su propia seguridad en caso de calles angostas, para evitar obstáculos o peligros en el pavimento, o para prepararse para girar a la izquierda. Un ciclista puede usar el carril entero incluso cuando anda a una velocidad significativamente inferior a la del tránsito si el carril es demasiado angosto

como para que lo compartan un autom vil y una bicicleta.

A diferencia de los conductores de vehículos motorizados, los ciclistas también pueden andar en las aceras, pero deben ceder el paso a los peatones en las aceras y cruces peatonales.

Reglas para los conductores

1. La ley de Florida exige que dé a los ciclistas un mínimo de tres pies (un metro) de espacio de separaci n y que tenga precauci n/reduzca la velocidad al conducir al lado de ellos o al rebasarlos.

2. En una calle de dos carriles, rebase a un ciclista del modo que lo haría con un vehículo que va más lento, solo cuando sea seguro hacerlo.

3. En las intersecciones, siempre suponga que los ciclistas siguen derecho, a menos que hagan una se al indicando lo contrario. Ceda el paso a las bicicletas al igual que lo haría con cualquier otro vehículo.

4. Cuando cruce un carril para bicicletas para hacer un giro, dé paso a los ciclistas que van por el carril para bicicletas y haga su giro detrás de ellos.

5. No siga demasiado de cerca de un ciclista.

6. De noche, evite usar luces delanteras altas cuando ve que se acerca un ciclista.

7. Antes de abrir la puerta de un automóvil, verifique si vienen ciclistas desde atrás.

8. Evite tocar la bocina para no asustar a un ciclista.

Las reglas de derecho de paso indican quién pasa primero y quién debe esperar en diferentes situaciones. La ley dice quién debe ceder (dar) el paso. *Todo conductor, motociclista, conductor de motoneta (scooter), ciclista y peatón debe hacer todo lo posible para evitar un accidente.*

Reglas para los ciclistas

1. Los ciclistas deben respetar todos los controles y se ales de tránsito.

2. Si los ciclistas no van a la misma velocidad que el resto del tránsito, deben usar el carril para bicicletas y, si no hay uno disponible, deben mantenerse del lado derecho de la calle.

3. Los ciclistas tienen permitido usar todo el carril cuando giran a la izquierda, rebasan, evitan peligros o cuando un carril es demasiado angosto para que lo compartan ellos y un auto de manera segura.

4. Cuando anden en bicicleta por una calle de sentido único con dos o más carriles de tránsito, los ciclistas pueden andar del lado izquierdo de la calle.

5. Los ciclistas deben usar se ales manuales de direcci n para indicar a otros conductores que están por girar. (Ver página 41).

6. Los ciclistas nunca deben sujetarse ni sujetar su bicicleta a otro vehículo en la carretera.

7. Si van por una acera o cruce peatonal, los ciclistas tienen todos los derechos y deberes de un peat n. Sin embargo, deben ceder el paso a los peatones y deben dar una se al sonora antes de rebasar a los peatones.

8. Cuando los ciclistas circulan entre el atardecer y el amanecer, deben tener una luz blanca visible a 500 pies (150 metros) en la parte de adelante de la bicicleta, y un reflector rojo y una luz roja visible a 600 pies (180 metros) en la parte trasera.

9. Los ciclistas deben tener frenos que puedan detener la bicicleta dentro de los 25 pies (7.5 metros) a una velocidad de 10 mph (16 km/h).

10. Todos los ciclistas y pasajeros menores de 16 a os deben usar cascos que cumplan las normas de seguridad federales.

11. Si los ciclistas transportan a un ni o menor de cuatro a os o que pese 40 libras (18 kg) o menos, deben usar una mochila/canguro, asiento para ni os o remolque dise ados para llevar ni os.

12. Los ciclistas no deben dejar a un ni o en un asiento o cargador cuando no están en control inmediato de la bicicleta.

13. Si los ciclistas están andando con otras personas, no pueden andar más de dos bicicletas una al lado de la otra, a menos que sea un camino o una parte de la carretera reservados para bicicletas. Deben andar en una sola fila si ellos y el otro ciclista obstruyen el tránsito.

14. Los ciclistas no deben usar auriculares de ning n tipo mientras andan en bicicleta por la carretera.

15. Los ciclistas no deben ir en bicicleta bajo la influencia de alcohol o drogas.

Consejos de seguridad para los ciclistas

► Independientemente de su edad, use casco.

► Mantenga ambas manos sobre el manubrio.

► En la calle, verifique detrás de usted antes de cambiar de carril o moverse mucho dentro del carril.

► Hágase ver. Use colores fosforescentes o fluorescentes cuando ande en bicicleta y lleve algún elemento reflectante.

► No envíe mensajes de texto mientras va en bicicleta.

Concienciación sobre las motocicletas

Los conductores de motocicletas y ciclomotores tienen los mismos derechos y deberes que los conductores de vehículos motorizados. Los motociclistas que cometan infracciones de tránsito pueden recibir citaciones.

Leyes para conductores de motocicletas/ciclomotores

► Debe tener más de 16 a os de edad para andar en motocicleta o ciclomotor en una calle p blica.

► Si es menor de 18 a os, debe tener una licencia de principiante durante 12 meses sin condena por infracci n de tránsito antes de la emisi n de una licencia Solo para motocicleta.

► Los conductores de motocicletas deben completar un curso de seguridad para motocicletas aprobado y obtener una aprobaci n para conducir motocicletas en su licencia de conducir o una licencia Solo para motocicleta.

► Los conductores de ciclomotores deben tener una licencia de conducir Clase E como mínimo. No se necesita certificaci n para motocicleta.

► Los motociclistas deben usar casco excepto que tengan más de 21 a os Y tengan una p liza de seguro médico con una cobertura mínima de $10 000 en beneficios médicos por lesiones.

► Las motocicletas y ciclomotores:

  ► Deben registrarse cada a o y tener una matrícula adecuada; y

  ► No pueden manejarse en los carriles para bicicletas ni caminos para peatones.

► Los conductores de motocicletas y ciclomotores no están obligados a tener un seguro de protecci n contra lesiones personales (PIP, Personal Injury Protection).

Reglas para los conductores

► Nunca debe intentar compartir el carril con una motocicleta. El motociclista tiene derecho a ocupar todo el carril.

► Tenga cuidado con las motocicletas y mire bien antes de detenerse en una intersecci n o cambiar de carril.

► Es difícil calcular la velocidad de una motocicleta porque ocupan un campo de visi n menor, lo cual interfiere con la percepci n de la profundidad. Puede parecer que están mucho más lejos de lo que realmente están.

► No se acerque demasiado a una motocicleta; recuerde que las motocicletas tienen la capacidad de detenerse más rápidamente que otros vehículos.

► Los motociclistas a menudo bajan un cambio o sueltan el acelerador para frenar, con lo cual no se activa la luz de freno.

► Nunca rebase a un motociclista con poco espacio. La fuerza de la ráfaga de viento puede hacer que el motociclista pierda el control.

► Cuando una motocicleta está rebasando su vehículo, mantenga su posici n en el carril. No aumente la velocidad.

► Mantenga una distancia de seguridad de más de cuatro segundos entre usted y un motociclista, y aumente el espacio cuando se encuentre en una de estas situaciones: mal tiempo, vientos fuertes, carreteras mojadas o con hielo, carreteras en malas condiciones, por ejemplo, con baches, carreteras de grava y cruces de ferrocarril.

Autobuses escolares

Es ilegal que cualquier conductor rebase a un autobús escolar cuando este despliega una señal de detención.

En una calle o carretera de doble sentido, todos los conductores que van en cualquiera de las direcciones deben detenerse detrás de un autobús escolar detenido que está recogiendo o dejando niños. Debe permanecer detenido hasta que se retire la señal de detención y todos los niños estén fuera de la calle.

Si la carretera está dividida por una barrera elevada o una mediana central no pavimentada de, al menos, 5 pies (1.5 metros) de ancho, no debe detenerse si circula en dirección contraria al autobús. Las líneas pintadas o marcas en el pavimento no se consideran barreras. Siempre debe detenerse si está circulando en la misma dirección que el autobús y debe mantenerse detenido hasta que se retire la señal de detención.

DOS CARRILES
Los vehículos que viajan en ambas direcciones DEBEN detenerse.

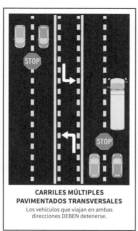

CARRILES MÚLTIPLES PAVIMENTADOS TRANSVERSALES
Los vehículos que viajan en ambas direcciones DEBEN detenerse.

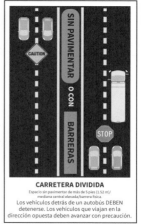

CARRETERA DIVIDIDA
Espacio sin pavimentar de más de 5 pies (1.52 m)/ mediana central elevada/barrera física.
Los vehículos detrás de un autobús DEBEN detenerse. Los vehículos que viajan en la dirección opuesta deben avanzar con precaución.

Cruces escolares

Las señales de zonas escolares advierten a los conductores sobre zonas escolares y cruces escolares. Las zonas escolares y cruces escolares proporcionan a los estudiantes una zona segura donde pueden cruzar la calle a la entrada y la salida de la escuela.

Los guardias de cruce son los primeros en ingresar y los últimos en salir de un cruce peatonal para indicar que hay peatones, especialmente niños, a punto de cruzar o cruzando. **Ante la presencia de niños o guardias de cruce escolar en un cruce peatonal, debe ceder el paso y detenerse en la línea de detención y no sobre el cruce peatonal**.

Vehículos de emergencia

Los motociclistas, ciclistas y peatones deben ceder el paso a los vehículos de policía, camiones de bomberos y otros vehículos de emergencia que utilicen sirenas o luces intermitentes. Deténgase inmediatamente en el borde más cercano de la calle y pare hasta que el vehículo de emergencia haya pasado. No bloquee las intersecciones.

Ley de Moverse a un Lado de Florida (Move Over)

La Ley de Moverse a un lado (Move Over Law) protege a los agentes de la ley, a los trabajadores de emergencias, a los conductores de grúas, a los trabajadores de saneamiento, trabajadores de servicios públicos y vehículos de mantenimiento o construcción de carreteras y puentes que muestren luces de advertencia detenidos en las carreteras mientras realizan su trabajo.

Ley de Moverse a un Lado
En una carretera de varios carriles
Debe liberar el carril más cercano a la grúa o a los vehículos de la policía, de emergencia, del servicio de salud o de servicios públicos que estén estacionados. (Indique con una señal que intenta cambiar de carril.)
Si no puede cambiar de carril de forma segura, debe reducir la velocidad a 20 mph (32 km/h) por debajo del límite de velocidad indicado.
Los conductores que no están en el carril más cercano al vehículo estacionado, deben estar preparados para permitir que aquellos que están por cambiar de carril puedan incorporarse a su carril.
En una carretera de dos carriles
Debe reducir la velocidad a 20 mph (32 km/h) por debajo del límite de velocidad indicado.
Si el límite de velocidad es de 20 mph (32 km/h) o menos, debe ir a 5 mph (8 km/h).

Cortejos fúnebres

Los conductores, ciclistas y peatones deben ceder el paso a los cortejos fúnebres. Cuando el primer vehículo de un cortejo fúnebre ingresa en una intersección, el resto de los vehículos del cortejo pueden seguir por la intersección, independientemente de cualquier dispositivo de control del tránsito. Todos los vehículos del cortejo deben tener encendidas sus luces delanteras (y también pueden usar luces de emergencia intermitentes) para señalizar a los demás conductores que no deben interponerse o interferir en el cortejo fúnebre.

Tránsito público

Todos los conductores deben ceder el paso a los autobuses de transporte público que circulan en la misma dirección que hayan hecho una señal y estén reingresando al flujo de tránsito desde una zona de detención específicamente designada.

Vehículos comerciales

Compartir la carretera con vehículos comerciales (CMV), como semicamiones o autobuses de larga distancia, significa seguir diferentes reglas y estrategias de seguridad.

Reglas para los conductores

1. Manténgase fuera de las "Zonas de no visibilidad". Los CMV tienen puntos ciegos grandes en el frente, la parte trasera y a ambos lados del vehículo. Aunque los vehículos de gran tamaño tienen varios espejos retrovisores, los otros vehículos estarán fuera de la vista si están en las "zonas de no visibilidad" o los puntos ciegos.
2. No los siga de cerca; estará en el punto ciego trasero y podría chocar con el CMV si este se detiene en forma imprevista.

Las zonas naranjas se deben evitar.

Rebase de vehículos comerciales

► Cuando rebase un CMV, primero verifique hacia delante y hacia atrás, y pase al carril de rebase solo si está libre y es seguro adelantarse. Debe avisar con una se al que está por cambiar de carril y hacerle saber al conductor del CMV que lo rebasará haciendo se ales con las luces delanteras, especialmente si es de noche.

► Rebase a los CMV del lado izquierdo para obtener la mayor visibilidad posible. Complete la maniobra de rebase lo más rápidamente posible, de modo de no quedar en el punto ciego del CMV.

► Evite ponerse delante demasiado pronto cuando rebase a un CMV. Los CMV grandes no pueden detenerse con tanta rapidez como otros vehículos. Aseg rese de que puede ver la cabina en su espejo retrovisor antes de completar el rebase. (Los conductores de CMV pueden hacer se ales de luces con las luces delanteras para indicarle que puede incorporarse nuevamente al carril).

► Evite rebasar un CMV en una pendiente hacia abajo; el peso del CMV y la inercia harán que aumente su velocidad.

► Cuando un CMV lo rebasa, manténgase del lado derecho de su carril. No acelere mientras un CMV lo rebase.

3. Si está detenido detrás de un CMV en una pendiente hacia arriba, deje espacio en caso de que el CMV se deslice hacia abajo cuando comienza a moverse. Además, manténgase a la izquierda en su carril, de modo que el conductor pueda ver que usted se ha detenido detrás del CMV.

4. No use luces delanteras altas cuando circula detrás de un CMV de noche. Las luces fuertes cegarán al conductor cuando se reflejen en los espejos laterales de gran tama o del CMV.

5. Cuando se acerca un CMV que viaja en direcci n contraria, manténgase a la derecha para evitar un choque lateral.

6. Los CMV a menudo necesitan abrirse bastante hacia la izquierda para poder girar a la derecha. No maneje entre el CMV y el borde de la acera, ya que no podrán verlo.

7. Nunca se cruce detrás de un CMV que se está preparando para retroceder o que lo está haciendo. El tama o de la mayoría de los CMV y remolques ocultan por completo de la vista los objetos que están detrás de ellos.

Carros de golf

Puede conducir un carro de golf únicamente en campos de golf o caminos designados para carros de golf. Estos caminos estarán marcados con se ales adecuadas.

▶ Las personas menores de 14 a os no pueden conducir un carro de golf en caminos o calles p blicos.

▶ Un carro de golf puede ser utilizado nicamente en el horario comprendido entre el amanecer y el anochecer, a menos que el gobierno local permita su utilizaci n fuera de ese horario (para la conducci n nocturna se requiere equipo adicional).*

▶ Los carritos de golf no pueden circular EN ABSOLUTO a menos que lo permita la ciudad o el condado específicos.

Equipos obligatorios para carros de golf
Frenos eficientes
Espejo retrovisor
Direcci n confiable
*Necesario para la conducción nocturna
Reflectores rojos de advertencia en la parte delantera y trasera
Neumáticos seguros
Luces delanteras
Luces de freno
Señales de giro
Parabrisas

▶ Puede cruzar carreteras estatales si el límite de velocidad indicado es de 45 mph (70 km/h) o menos, y solamente en una intersecci n con un dispositivo de control del tránsito.

▶ Puede conducir un carro de golf en una acera únicamente si tiene, al menos, 5 pies (1.5 metros) de ancho. Debe ceder el paso a los peatones.

▶ Puede conducir un carro de golf en una carretera de condado de dos carriles dentro de una ciudad que la designe como apta para circular con carros de golf.

▶ Se deben respetar todas las leyes de tránsito locales y estatales, incluso las de derecho de paso.

Vehículos de baja velocidad

Los vehículos de baja velocidad (LSV, low-speed vehicles) son vehículos de cuatro ruedas con una velocidad máxima de 21 a 25 mph (34 a 40 km/h). Los carros de golf pueden convertirse en vehículos de baja velocidad, y viceversa. Debe tener una licencia de conducir válida para conducir un LSV, y el LSV debe:

▶ Conducirse solo en calles donde el límite de velocidad indicado sea de 35 millas por hora (56 km/h) o menos.

▶ Estar equipado con faros delanteros, luces de freno, luces de se al de giro, luces traseras, reflectantes, frenos de estacionamiento, espejos retrovisores, parabrisas, cinturones de seguridad y un n mero de identificaci n de vehículo.

▶ Estar registrado y debidamente asegurado (ver pág. 57).

Conducción nocturna

Deberá tener cuidado adicional de noche. No puede ver desde tan lejos y el brillo de los automóviles de frente puede reducir incluso más su visión. La ley de Florida establece que usted **debe**:

- ► Utilizar luces delanteras en horarios entre el atardecer y el amanecer.
- ► No usar luces delanteras altas cuando se encuentra a una distancia de 500 pies (152 metros) de un vehículo que viene de frente; usar luces delanteras bajas.
- ► No usar luces delanteras altas cuando se encuentra a una distancia de 300 pies (90 metros) de un vehículo que viene de frente; usar luces delanteras bajas.
- ► No conducir utilizando solo las luces de estacionamiento (en lugar de las luces delanteras).
- ► Encender sus luces de estacionamiento durante la noche cuando está estacionado en una carretera o banquina, fuera de ciudades y pueblos.

Siga estas pautas para conducir de noche::

- ► Evite "superar la velocidad" de sus luces (conducir demasiado rápido para lo que puede ver).
- ► Las luces delanteras altas pueden revelar objetos que están a una distancia de hasta 450 pies (137 metros) y son más efectivas para velocidades superiores a 25 mph (40 km/h).
- ► Cuando sale de un área con mucha luz, conduzca lentamente hasta que sus ojos se adapten a la oscuridad.
- ► No mire directamente hacia las luces delanteras de los vehículos de frente. Use las líneas de carril como guías visuales y mire rápidamente para verificar la posición del otro vehículo cada varios segundos.

Las luces altas delanteras pueden revelar objetos que están a una distancia de hasta 450 pies (137 metros) como mínimo y son más efectivas para velocidades superiores a 25 mph (40 km/h).

De noche, el brillo de los automóviles de frente puede reducir la visión.

Baja visibilidad

El humo de los incendios forestales y quemas controladas, la niebla y la lluvia copiosa afectan su capacidad de ver. Cuando conduzca en condiciones de baja visibilidad:

► Debe encender sus luces delanteras. Las luces de estacionamiento no reemplazan las luces delanteras.

► Conduzca con las luces bajas. Las luces altas se reflejarán en la niebla y dificultarán aún más la visibilidad.

► Encienda las luces delanteras toda vez que encienda el limpiaparabrisas.

► Use limpiaparabrisas y desempañador para obtener la máxima visibilidad. En ocasiones es difícil determinar si la mala visibilidad se debe a la niebla o a la humedad del parabrisas.

► Use el borde derecho de la carretera o las líneas de borde y centrales como guías visuales.

► Elimine toda distracción de su vehículo. Apague la radio, el teléfono celular, etc.

► Preste atención para ver vehículos que se mueven lentamente o están estacionados.

► Mantenga su parabrisas y luces delanteras limpios para reducir el brillo y aumentar la visibilidad.

Lluvia

Siempre que encienda el limpiaparabrisas, encienda las luces delanteras.

¡Disminuya la velocidad! Los caminos se ponen resbalosos durante las tormentas, especialmente si no ha llovido durante un tiempo (por la acumulación de aceite en la carreteras). Las condiciones de conducción con lluvia aumentan su distancia de freno/ detención, de modo

que debe asegurarse de aumentar la distancia de seguridad.

El hidroplaneo ocurre cuando su automóvil se desliza sobre una capa delgada de agua que hay entre los neumáticos y la carretera. Cuando sus neumáticos no tocan la carretera, es probable que pierda el control y derrapar. Los neumáticos con poca presión de aire o bandas de rodadura gastadas aumentan el riesgo de hidroplaneo sobre el agua, al igual que conducir a velocidad alta. (Ver la página 52 para obtener consejos de seguridad sobre el hidroplaneo).

Los frenos suelen mojarse después de conducir con lluvias copiosas. Pueden hacer que el vehículo se desvíe hacia uno u otro de los lados o directamente no accionarse. Si esto sucede, reduzca la velocidad y presione suavemente el pedal de freno hasta que los frenos vuelvan a funcionar.

Si llega a una carretera inundada, gire y busque otro camino. **¡No intente conducir a través del agua!** Es imposible determinar la profundidad o la corriente, y su vehículo podría sumergirse o ser arrastrado por la corriente.

Animales

En ocasiones, es posible que un animal se cruce repentinamente delante de su vehículo. No se desvíe hacia el tránsito que viene de frente ni fuera de la carretera para evitar chocar al animal. Esto puede producir un choque más grave que chocar con el animal.

Para reducir las probabilidades de chocar con un animal:

► Tenga precaución cuando conduzca al amanecer y al atardecer; este es el horario en que los animales están más activos.

► **Esté extremadamente alerta cuando conduzca por carreteras marcadas con se ales de cruce de animales y cerca de bosques y zonas con agua**.

► Examine los lados del camino y esté atento al reflejo de las luces delanteras en los ojos de los animales.

► Las colisiones entre venados y autom viles se producen con mayor frecuencia entre octubre y diciembre.

► Reduzca la velocidad cuando se aproxime a animales que están parados cerca del camino; pueden salir corriendo o cambiar de direcci n.

► Haga se ales de luces para advertir a los demás conductores que ha avistado animales cerca del camino.

► Si tiene tiempo de evitar atropellar a un animal, reduzca la velocidad, toque los frenos y haga sonar la bocina. Los venados suelen fijar la vista en los faros delanteros, por lo que al hacer se ales de luces, es posible que se queden estáticos. Si no hay vehículos cerca detrás de usted, frene a fondo sin bloquear las ruedas.

► Si la colisi n es inevitable, no se desvíe para evitar al animal. Mantenga el control de su vehículo y permanezca en el camino.

► Informe el accidente al oficial de policía si ha chocado contra un animal grande, como osos, venados o ganado.

Siga las instrucciones del agente del orden público

Si lo detiene un agente del orden p blico:

1. Salga del camino de forma segura y estacione inmediatamente a la derecha, lejos del tránsito.
2. Por la noche, baje las luces delanteras a luces de estaciona-miento y encienda la luz interior.

Cuando es detenido por un agente de lay ley, es la ley proporcionar:

► Su licensia de conducir,
► comprobante del registo del vehículo, y
► prueba de seguro

3. Permanezca en el asiento del conductor. No salga del vehículo, a menos que se le solicite hacerlo. Mantenga las manos visibles. Permanezca sentado y siga las instrucciones del agente.
4. Esté preparado para mostrar su licencia de conducir, el certificado de registro del vehículo y el comprobante del seguro, cuando se lo soliciten..

Si un agente del orden p blico está dirigiendo el tránsito en un lugar en el que hay una se al de tránsito, respete las indicaciones del agente, no la se al.

MANOS AL VOLANTE. OJOS EN LA CARRETERA.
MENTE EN LA CONDUCCIÓN.
flhsmv.gov/teen
FL SMV
HIGHWAY FLORIDA PATROL

MANEJO DE EMERGENCIAS

Conducción defensiva

La conducción defensiva consiste en usar estrategias de conducción seguras para evitar choques. Esto significa que usted modifica la forma en que conduce para adaptarse a las condiciones climáticas, a cómo se siente y a las acciones de los demás conductores, ciclistas y peatones. Siga estos pasos para evitar choques:

1. Preste atención a los posibles peligros. Por ejemplo, si ve señales de zona escolar, piense qué hará si un niño baja o cruza la calle.

2. Anticipe lo que otro conductor podría hacer y haga los ajustes correspondientes. Por ejemplo, ha notado que una persona está rebasando otros vehículos de forma peligrosa y cambiando de carril, mientras se acerca a usted desde atrás. Debe anticiparse y pensar que probablemente intente rebasarlo y cerrarle el paso; reduzca la velocidad y prepárese para frenar de ser necesario.

3. Los choques suceden en las intersecciones más que en cualquier otro lado. Sea extremadamente precavido al acercarse a una intersección..

4. Si el choque es inevitable:

   ► Es mejor desviarse del camino que hacia el tráfico que circula en sentido contrario.

   ► Es mejor salirse del camino que derrapar.

   ► Es mejor chocar contra algo inmóvil que contra un vehículo que viene hacia usted.

   ► Chocar contra un vehículo que avanza en la misma dirección que usted es mejor que chocar contra un vehículo que circula en sentido contrario.

   ► Chocar contra un "objeto blando" (p. ej., el seto de un jardín) es mejor que chocar contra un objeto sólido, como un árbol o un poste.

Evitar colisiones en la parte trasera

Para evitar chocar contra el vehículo frente a usted, mantenga una distancia de seguridad de al menos cuatro segundos y aumente la distancia de seguridad en condiciones climáticas adversas o tráfico intenso. Para disminuir el riesgo de que alguien choque contra usted desde atrás::

► Revise las luces de freno en forma periódica para asegurarse de que estén limpias y funcionen correctamente.

► Sea consciente de lo que sucede a su alrededor. Use los espejos retrovisores y laterales.

► Haga las señales correspondientes para girar, detenerse y cambiar de carril.

► Evite detenerse de manera repentina; reduzca la velocidad de forma suave y gradual.

► Conduzca con la fluidez del tráfico (dentro del límite de velocidad). Conducir demasiado despacio puede ser peligroso.

Vehículo que se aproxima a su carril

1. Toque la bocina y haga se as con las luces altas.
2. Frene de golpe.
3. Dirija el vehículo hacia el lado del camino.

Averías/vehículos fuera de servicio

1. Debe mover el vehículo para que las cuatro ruedas estén fuera de los carriles de circulaci n lo antes posible. Si no puede moverlo, debe hacerlo cuanto antes.
2. Si es posible, estacione donde el vehículo averiado pueda ser visto a 60 metros en cada direcci n.
3. Encienda las luces de emergencia.
4. Saque a todos los pasajeros del vehículo por el lado opuesto del tráfico.
5. Llame a *FHP (*347) o a otro organismo policial para obtener ayuda.

Ruedas derechas fuera del asfalto

1. Quite el pie del acelerador.
2. Sujete el volante con firmeza y diríjase en línea recta.
3. Frene ligeramente.
4. Espere hasta que la carretera esté despejada. Vuelva al asfalto a baja velocidad (indique una señal de su intenci n).

Derrape/hidroplaneo

1. Quite el pie del acelerador.
2. No utilice los frenos, si es posible.
3. Gire los neumáticos delanteros del vehículo en la direcci n que desee (diríjase en la direcci n del derrape).
4. Si está a punto de chocar con algo, vea

Frenado de emergencia, más abajo.

Revent n de neumáticos

1. Quite el pie del acelerador. No use los frenos.
2. Concéntrese en el manejo.
3. Disminuya la velocidad gradualmente.
4. Frene suavemente cuando logre controlar el vehículo.
5. Salga completamente del asfalto/camino.

Sobrecorrección

La sobrecorrecci n ocurre cuando el conductor mueve excesivamente el volante para responder a un evento o pérdida de control del vehículo. Generalmente ocurre cuando el conductor mueve demasiado el volante tratando de evitar una colisi n o salirse de la carretera. Como resultado, el vehículo puede volcar o pasarse al carril contrario. ¡Evite la sobrecorrecci n! Si nota que involuntariamente se está saliendo del camino:

1. Mantenga la calma.
2. Sujeta el volante con firmeza.
3. Levante el pie del acelerador y no frene bruscamente.
4. Conduzca el vehículo hacia donde desea.
5. Si es necesario, conduzca el vehículo a un lugar seguro y deténgase.

Frenado de emergencia

Los conductores con frenos convencionales

deben bombear el freno para detenerse en una situaci n de emergencia donde se pierde la tracci n. Los conductores con **frenos antibloqueo (ABS)** deben pisar a fondo el pedal de freno, mantenerlo presionado y dirigir el vehículo fuera de peligro. Si el conductor con ABS quita la presi n constante del pedal de freno o si bombea los frenos, el ABS se desconecta o desactiva.

Los vehículos pueden estar equipados con dos tipos de ABS:

- ▶ **Cuatro ruedas** (en vehículos de pasajeros y en algunas camionetas livianas). Frene a fondo, conduzca y mantenga presi n constante sobre el pedal de freno.
- ▶ **Ruedas traseras** (solo en algunas camionetas livianas). El ABS evita que las ruedas traseras se bloqueen para que la parte trasera del vehículo no derrape. Aun así, las ruedas delanteras sí pueden bloquearse y causar que el conductor pierda el control del volante. Si esto sucede, levante un poco el pie del pedal de freno, lo suficiente como para permitir que las ruedas delanteras comiencen a rodar nuevamente y recuperar el control.

Frenos mojados

1. Pruebe los frenos ligeramente.
2. Los frenos pueden tirarse hacia un lado o no mantenerse en absoluto.
3. Seque los frenos conduciendo lentamente en una marcha baja y accionando los frenos.

Pedal de gas atascado

1. Quite el pie del acelerador.
2. Ponga el embrague (transmisi n manual) o cambie a neutro (transmisi n automática).
3. De ser necesario, presione los frenos suavemente (no frene de golpe) para reducir la velocidad del vehículo*.

* *No apague el motor a menos que las indicaciones no. 1 y 2 no funcionen para reducir la velocidad del vehículo.* **Si apaga el motor, perderá la capacidad de dirigir el vehículo.**

Incendio

1. Salga del vehículo.
2. Llame al 911 para pedir asistencia.
3. Solo debe intentar apagar el fuego si tiene un extintor de incendios portátil y si el incendio es peque o. NUNCA arroje agua a un incendio provocado por gasolina o diésel.
4. Si no puede extinguir el fuego, ¡aléjese del vehículo! Los gases son t xicos y podría producirse una explosi n.

Vehículo detenido en las vías del ferrocarril

Si su vehículo se detiene en las vías del ferrocarril, **¡saque a todos los pasajeros del vehículo inmediatamente y aléjense del vehículo!**

Si está detenido en un cruce de ferrocarril y las luces de advertencia comienzan a destellar, **20 segundos** es la cantidad mínima de tiempo que tarda un tren en llegar al paso a nivel después de que las luces de advertencia comienzan a destellar.

Si se aproxima un tren, aléjese corriendo de las vías en un ángulo de 45 grados, pero en direcci n **hacia** el tren; así será menos probable que sufra un impacto causado por su vehículo o los restos que se despidan por la colisi n. Llame al 911 o a la ∗FHP (∗347).

Sistema de Notificación de Emergencias (ENS, Emergency Notification System):

Hay un cartel azul de ENS colocado en todas las intersecciones entre carreteras y vías ferroviarias. Este cartel brinda informaci n esencial de contacto ante emergencias para contactar al responsable del ferrocarril si ocurre alg n problema en el cruce o si algo obstruye las vías.

Vehículo sumergido

Si cae en un estanque, río o en otro cuerpo de agua, su vehículo flotará en la superficie solamente de 30 a 60 segundos. **Salga del vehículo inmediatamente:** ¡NO llame al 911 hasta que haya salido completamente del vehículo!

1. Desabroche su cintur n de seguridad.
2. Baje la ventanilla antes de que el vehículo se hunda. Si puede abrir la puerta, tenga presente que el vehículo se llenará de agua inmediatamente.
3. Si no puede bajar la ventanilla, intente sacar una ventanilla lateral.

Hay muchos tipos de "herramientas de escape" disponibles que le permitirán romper la ventanilla rápidamente. Si lleva una en su vehículo, aseg rese de tenerla a su alcance en caso de emergencia.

Corte de energía

En circunstancias en las que no hay energía y las se ales de tránsito no están activas, considere las intersecciones como si fuesen de cuatro vías:

- ► Los vehículos se moverán a través de la intersecci n en el orden en que llegaron (el primero en llegar es el primero en avanzar).
- ► Si varios vehículos llegan al mismo tiempo, el conductor de la izquierda cede el paso al conductor de la derecha.

Sus responsabilidades después de un accidente

Si participa en un accidente que ocasiona una muerte, lesiones o da os materiales, está obligado por ley a informar y a ofrecer ayuda. Mantenga la calma en todo momento.

1. Deténgase y llame al 911, a la *FHP (*347) o a la policía.
2. Encienda las luces de emergencia.
3. Si hay alg n herido, ¡pida ayuda de inmediato!
4. **Si el choque es menor y su vehículo está obstruyendo el tráfico, debe moverlo o solicitar que lo muevan.**
5. Intercambie la informaci n del vehículo, de los testigos y del conductor (nombre, dirección, n mero de teléfono, n mero de placa de matrícula, licencia de conducir y seguro).
6. Tome fotos o haga un boceto de la escena, que muestre las ubicaciones de los vehículos en el choque.

Un agente del orden p blico completará un informe por escrito en el caso de que el choque implique un cargo por conducir bajo la influencia de alcohol o drogas, o que ocasione da os patrimoniales, lesiones o la muerte, hasta el momento en que el vehículo deba ser remolcado.

Si el choque ocasiona da os al vehículo o a la propiedad y no requiere ning n informe del agente del orden p blico, usted debe presentar un informe del choque por escrito ante el FLHSMV en el plazo de 10 días. (Puede hacer esto desde flhsmv.gov.)

Si se ve involucrado en un choque contra un vehículo desatendido o contra otra propiedad, debe intentar por todos los medios localizar al propietario y notificar a la policía. Si no puede localizar al propietario del bien, debe dejar una nota con su nombre, informaci n de contacto y n mero de placa de matrícula (registro).

Abandono de la escena del accidente

Es ilegal abandonar la escena de un choque que implique la muerte, lesiones o da os materiales.

Sanciones por atropello y fuga	
Abandonar la escena del accidente podría tener las siguientes consecuencias:	
Muerte	Delito de 1° grado, condena de 4 a os de prisi n como mínimo.
Lesiones corporales graves	Delito de 2° grado
Lesi n	Delito de 3° grado
Todo lo anterior incluye la pérdida de la licencia de conducir durante 3 años como mínimo.	
Da os a un vehículo u otros bienes conducidos o atendidos por cualquier persona.	Delito menor de 2° grado.

Primeros auxilios

Si se encuentra con un accidente, llame al 911 o a la *FHP (*347), o envíe a alguien a pedir ayuda. No asuma que otra persona llamará; es mejor que los servicios de emergencia reciban varias llamadas antes de que no reciban ninguna.

¡No se ponga en peligro! Estacione tan lejos de la carretera como sea posible y encienda las luces de emergencia para alertar a los demás. Tenga cuidado al salir de su vehículo y manténgase alejado del tráfico.

Si hay alguien herido, aplique primeros auxilios antes que nada. No obstante, **no mueva a una persona herida que podría tener una lesi n en el cuello o en la columna vertebral. No intente quitarle el casco a un motociclista o un ciclista herido.**

Tratamiento para personas en shock

Es posible que las personas que han resultado heridas entren en shock. Cuando una persona está en shock, sus funciones corporales trabajan más lentamente. El shock puede ser muy grave y causar la muerte. Trate a la persona herida como si estuviera en shock, independientemente de si aparenta estarlo o no:

► Mantenga en calma a la persona herida.

► No le ofrezca nada para beber.

► Mantenga a la persona acostada y con las piernas elevadas.

► Cubra a la persona con mantas para conservar el calor corporal.

► Mantenga una vía de entrada de aire.

QUÉDESE EN EL LUGAR DEL HECHO

SU PRIVILEGIO DE CONDUCCIÓN

Conducir en Florida es un privilegio que usted debe ganarse. Además de las normas de tránsito, debe respetar las siguientes leyes a fin de conservar su privilegio de conducción.

Leyes de seguros

La ley de Florida exige que los conductores y propietarios de vehículos suscriban un seguro a fin de cubrir los costos en el caso de un choque. Estas leyes incluyen la Ley de ausencia de culpa y la Ley de responsabilidad financiera.

Ley de ausencia de culpa

Antes de inscribir a su vehículo en Florida, debe proporcionar un comprobante de cobertura de **Seguro de protecci n contra lesiones personales (PIP, Personal Injury Protection) y Responsabilidad civil por da os a la propiedad (PDL, Property Damage Liability).** El seguro de protecci n contra lesiones personales cubre las lesiones si usted está involucrado en un choque, independientemente de quién lo provoc . El seguro de responsabilidad civil por da os a la propiedad cubre el pago de los da os a la propiedad de otra persona que usted provoc .

Todo propietario o persona encargada de operar un vehículo motorizado en las carreteras de Florida deben:

► proporcionar comprobantes del seguro de PIP y PDL válidos al momento de registrar su vehículo;
► tener **una cobertura mínima de seguro de PIP de $10,000 Y una cobertura mínima de seguro de PDL de $10,000;**
► adquirir la p liza a través de una agencia de seguros autorizada para operar en Florida;
► mantener el seguro de forma continua durante el período de registro; y
► tener siempre el comprobante de seguro válido en Florida cuando conduzca el vehículo en las carreteras de Florida.

Usted debe cumplir si posee un vehículo motorizado que ha estado en el estado por 90 días (consecutivos o no consecutivos) durante los últimos 365 días. Debe mantener el seguro apropiado; de lo contrario, es posible que se suspenda su licencia de conducir o el registro de su placa de matrícula.

Su compa ía de seguros está obligada por ley a notificar al FLHSMV cuando renueve su p liza, si omite renovarla al vencimiento o si la p liza es cancelada por usted o por la compa ía de seguros. Si no renueva su cobertura o si se cancela, el FLHSMV le enviará un aviso informándole que debe proporcionar el comprobante de la nueva cobertura. Si no proporciona el comprobante del nuevo seguro, es posible que se suspenda su licencia de conducir y su placa de matrícula durante un período de hasta tres a os.

Si no mantiene una cobertura de seguro durante el período de registro de su vehículo, debe entregar la placa de matrícula del vehículo a cualquier centro de servicios de licencias de conducir. Entregue su placa de matrícula ANTES de cancelar su seguro para evitar la suspensi n de su licencia y los cargos de restablecimiento.

Lleve siempre el comprobante del seguro cuando usted u otra persona conduzcan su vehículo. Su compa ía de seguros le proporcionará una tarjeta de identificaci n del seguro de Florida. Debe tener la tarjeta (o comprobante electr nico en un teléfono inteligente) cuando esté conduciendo. Si lo detiene un agente del orden p blico y no tiene con usted el comprobante de seguro, es posible que reciba una citaci n. Deberá presentarse ante un tribunal para demostrar que tenía cobertura de seguro al momento de ser detenido por un agente del orden p blico; de lo contrario, es posible que se suspenda su licencia de conducir. Si no tiene el comprobante y el juez lo condena, se suspenderán su licencia de conducir y su matrícula. A fin de levantar la suspensi n, deberá obtener cobertura de seguro y pagar un cargo de restablecimiento ($150 a $500).

Si su licencia de conducir y placa de matrícula han estado suspendidas por 30 días o más, un agente del orden p blico puede confiscar su placa de matrícula de inmediato. El agente del orden p blico también pueden llevarlo a prisi n por conducir con una licencia suspendida, lo cual representa un delito menor de primer grado castigado con una multa de $1,000.

Si le suspenden el permiso de conducir o la matrícula por no tener seguro, no podrá obtener un permiso temporal por ning n motivo, ni siquiera para ir a trabajar. Además, si muestra a un agente del orden p blico una tarjeta de seguro cuando sabe que el seguro ha sido cancelado, o si falsifica la tarjeta, puede ser detenido y acusado de un delito menor de segundo grado.

El FLHSMV siempre le dará una oportunidad de demostrar que tiene cobertura de seguro o de tener una audiencia administrativa. Cuando reciba

el aviso de suspensi n de su licencia, puede solicitar una audiencia; de lo contrario, no se programará una audiencia para usted.

Ley de responsabilidad financiera

Además de la cobertura PIP y PDL requeridas, si usted se ve involucrado en un choque, deberá demostrar que es responsable financieramente de todos los a os que caus . Puede demostrar dicha responsabilidad financiera si tiene un seguro vigente de una empresa autorizada para operar en Florida o consiguiendo un Certificado de responsabilidad financiera a través del FLHSMV. Puede obtener más informaci n acerca de los Certificados de responsabilidad financiera en flhsmv.gov.

Dependiendo de sus antecedentes de conducci n, es posible que deba obtener un seguro adicional además del PIP y PDL básicos. Por ejemplo, la ley de Florida le exige tener un seguro de responsabilidad por lesiones físicas (BIL, Bodily Injury Liability), y una cobertura de PDL mayor, cuando ha sido condenado por conducir bajo la influencia de alcohol o drogas (DUI, Driving Under the Influence). La cobertura que se requiere en este caso debe ser una cobertura de BIL de $100 000 como mínimo por lesiones a una persona, una cobertura de BIL de $300,000 por lesiones a dos o más personas y una cobertura de PDL de $50,000. Esta cobertura superior debe estar en efecto tres a os después de su condena por DUI. Los límites más altos ya no se aplicarán si no es condenado por otro DUI o cualquier delito de tráfico durante ese período de tres a os.

La ley exige otros límites de cobertura más elevados si su licencia de conducir es suspendida por acumulaci n de puntos excesivos por infracciones; usted causa un accidente y hay heridos; su licencia de conducir fue revocada por su condici n de Infractor habitual de tránsito; o su licencia de conducir fue revocada por cualquier infracci n grave. La cobertura requerida para estos casos es una cobertura BIL de $10,000 por lesiones a una persona, una cobertura BIL de $20,000 por lesiones a dos o más personas, una cobertura PDL de $10,000; O límites únicos combinados de $30,000.

Si no proporciona el comprobante de límites mayores de cobertura, es posible que se suspenda su licencia de conducir o su placa de matrícula por un período de hasta tres a os.

Además, si es el conductor o el propietario de un vehículo implicado en un accidente donde usted sea el culpable, FLHSMV puede exigirle que pague por los da os antes de que se restablezcan sus privilegios para conducir.

Registro del vehículo

El vehículo de su propiedad debe tener un certificado de inscripci n y una placa matrícula de Florida. Si un no residente acepta un empleo o se dedica a un oficio, profesi n u ocupaci n en Florida; o inscribe a los hijos para que se eduquen en una escuela p blica de Florida, debe tener el certificado de inscripci n y la placa de matrícula en un plazo de 10 días después del inicio del empleo o la inscripci n. También debe tener un certificado del título del vehículo de Florida a menos que un poseedor o propietario de un gravamen de otro estado retenga el título y no lo ceda en Florida.

Para tener su certificado de inscripci n y su placa de matrícula, debe presentar prueba de un seguro de Florida (en la mayoría de los casos necesita una licencia de conducir de Florida para tener un seguro). También debe demostrar que es due o de su vehículo mostrando el certificado del título. El n mero de identificaci n del vehículo (VIN, vehicle identification number) en

cualquier vehículo que previamente haya obtenido el título o se haya registrado en otro estado debe ser verificado por uno de los varios funcionarios designados antes de que pueda obtener el título o se registre en Florida. No se requiere verificaci n del VIN de ning n vehículo nuevo (independientemente de si se compr en Florida o en otro estado), o en casas móviles nuevas o usadas, vehículos recreativos tipo remolque (remolques de viaje, remolques de campamento, autocaravanas y remolques recreativos de quinta rueda) o remolques y semirremolques con un peso menor a 2,000 libras (900 kilos).

Solicitud de título, placas de matrícula y registro

Solicite el título, las placas de matrícula y el registro en cualquier centro de servicios de Florida. El costo de la placa dependerá del tipo y peso del vehículo. El vehículo siempre debe tener una placa actual y usted siempre debe tener el registro del vehículo cuando conduce. Si compra un vehículo de un distribuidor de Florida, este debe solicitar un certificado del título, un certificado de registro y una placa para usted. Si compra un vehículo de un particular, esa persona debe proporcionarle el título y usted debe solicitar un certificado del título a su nombre. Puede solicitar el certificado del título, el certificado de registro y la placa en el mismo momento. No puede obtener una placa hasta que tenga un título que demuestre que es due o del vehículo. Todos los solicitantes de licencias de conducir principiantes que posean una licencia de otro estado deben solicitar una licencia de conducir de Florida antes de registrar su vehículo en Florida (muchos centros de servicios pueden hacer ambos trámites al mismo tiempo).

Renovación

Las placas y registros de matrícula del vehículo deben renovarse cada a o o cada dos a os, antes o el mismo día del cumplea os del primer propietario que figure en el formulario de registro. Los registros pueden renovarse hasta 90 días antes de la fecha de vencimiento. Cada vez que la renueve, debe demostrar que tiene el seguro requerido, a menos que esté en un expediente y se actualice de forma electr nica. **Los registros vencen a la medianoche del día del cumpleaños del primer propietario que figure en el formulario de registro**, excepto en los siguientes casos:

- Las casas m viles se renuevan una vez al a o antes del 31 de diciembre.
- Los camiones pesados y los semirremolques se renuevan una vez al a o antes del 31 de diciembre.
- Los vehículos de propiedad de empresas y corporaciones y algunos CMV se renuevan una vez al a o antes del 30 de junio.

Infracciones de la Ley de Licencias de Conducir

Puede ser encarcelado u obligado a pagar una multa por los siguientes delitos:

- Alterar su licencia de cualquier manera.
- Uso ilegal de su licencia.
- Permitir que otra persona use la licencia.
- Realizar una solicitud fraudulenta de una licencia de conducir o tarjeta de identificaci n.
- Tener más de una credencial (licencia de conducir o tarjeta de identificaci n estadounidenses).
- Permitir que una persona sin licencia use el autom vil o alquilar un vehículo motorizado a alguien sin licencia.
- Dar declaraciones falsas a un oficial de policía o en un tribunal.

- Brindar informaci n falsa intencionalmente en los informes de choques.

Restricciones horarias para menores (toques de queda de conducción)

- Los menores que posean una licencia de conducir de principiante deben estar acompa ados por un conductor con licencia de 21 a os de edad o mayor y deben conducir solamente durante las horas de luz. Después de obtener una licencia de conducir de principiante por 3 meses, puede conducir hasta las 10 PM
- Un conductor de 16 a os de edad con licencia no puede conducir entre las 11 PM y las 6 AM a menos que conduzca hasta o desde el trabajo o acompa ado de un conductor con licencia de 21 a os de edad o mayor.
- Un conductor de 17 a os de edad con licencia no puede conducir entre la 1 AM y las 5 AM a menos que conduzca hasta o desde el trabajo o acompa ado de un conductor con licencia de 21 a os de edad o mayor.

Arrojar basura

Es un delito arrojar cualquier cantidad de basura desde un vehículo en las carreteras, los caminos, las calles, etc. Si arroja menos de 15 libras (7 kilos) de basura en las carreteras, puede recibir una multa de $100. Puede ser acusado de un delito menor en primer grado, recibir una multa de hasta $1,000 y recibir 3 puntos en su registro de conducir si arroja más de 15 libras (7 kilos) de basura. El tribunal también puede pedirle que recoja la basura en las carreteras.

Utilice ceniceros para los cigarrillos y bolsas de basura para los residuos mientras conduzca un vehículo motorizado. Los cigarrillos que se tiran por las ventanas pueden provocar incendios.

Daños en la carretera

Está prohibido da ar las carreteras conduciendo sobre la llanta de un neumático pinchado o por cualquier otro medio.

Conducir bajo la influencia de alcohol o drogas (DUI)

Puede ser acusado de conducir bajo la influencia de alcohol o drogas (DUI, Driving Under the Influence) si se lo encuentra conduciendo o en control físico real de un vehículo motorizado mientras esté bajo la influencia de bebidas alcoh licas, sustancias controladas, medicamentos recetados o de venta libre.

En el momento de la detenci n, se suspenderá su licencia de forma administrativa si tiene una concentraci n de alcohol en el aliento o un **nivel de alcohol en sangre (BAL, blood alcohol level)** de 0.08 o superior, o si se niega a someterse a una prueba de aliento/un análisis de sangre para detectar alcohol.

Ley de consentimiento implícito

Le pedirán que se haga un análisis de sangre, una prueba de orina o una prueba de aliento si un oficial de policía tiene una causa razonable para creer que usted estaba bajo la influencia de alcohol o de drogas mientras conducía. **Por ley, usted ha dado su consentimiento, al firmar la licencia de conducir, para que le hagan estas pruebas si se lo requieren.**

Si se niega a hacerse estas pruebas cuando se lo pidan, se suspenderá su licencia de forma automática por un a o. Una segunda negativa dará lugar a una suspensi n de 18 meses y a ser acusado de un delito menor en primer grado.

En casos de DUI que impliquen lesiones graves o la muerte, se le exigirá que se haga el análisis de sangre sin su consentimiento. Un médico, enfermero u otro profesional de la salud debe extraer la sangre. La sangre puede extraerse si usted no está consciente.

Sanciones por DUI

Primera condena por DUI

- Multa: $500-$1,000 (BAL 0.15 o superior o menor en el vehículo, no menos de $1,000 o más de $2,000).
- Servicio comunitario: 50 horas.
- Libertad condicional: Hasta 1 a o.
- Encarcelamiento: No más de 6 meses (si el BAL es de 0.15 o superior o hay un menor en el vehículo, no más de 9 meses).
- Revocaci n de la licencia: Mínimo 180 días.
- Escuela de DUI: 12 horas.
- Evaluaci n realizada para determinar la necesidad de tratamiento por adicci n.
- Dispositivo de bloqueo de encendido: si lo ordena el tribunal (si el BAL es de 0.15 o superior, o hay un menor en el vehículo, al menos seis meses continuos).

Segundo delito/condena por DUI

- Multa: $1,000-$2,000 (BAL 0.15 o superior o menor en el vehículo, no menos de $2,000 o más de $4,000).
- Encarcelamiento: No más de 9 meses.
- Revocaci n de la licencia: Mínimo 180 días.
- Escuela de DUI: 21 horas.
- Evaluaci n realizada para determinar la necesidad de tratamiento por adicci n.
- Dispositivo de bloqueo de encendido: Al menos un a o continuo

Tercer delito/condena por DUI
- Multa: de $2,000 a $5,000 dólares (si el BAL es de 0.15 o superior o hay un menor en el vehículo, no menos de $4,000 dólares).
- Encarcelamiento: No más de 12 meses.
- Revocación de la licencia: Mínimo 180 días.
- Escuela de DUI: 21 horas.
- Evaluación realizada para determinar la necesidad de tratamiento por adicción.
- Dispositivo de bloqueo de encendido: Al menos dos años continuos.

Tolerancia cero
- A cualquier conductor menor de 21 años de edad que sea detenido por un agente del orden público y que tenga un BAL de 0.02 o superior se le suspenderá automáticamente el privilegio de conducir durante seis meses.
- A cualquier conductor menor de 21 años de edad que tenga un BAL de 0.05 o superior se le exigirá que asista a un curso sobre el abuso de sustancias.
- Para todos los conductores menores de 19 años, se llevará a cabo una evaluación y se notificará a los padres o tutores legales los resultados.

La ley de Florida establece que **si se lo ha condenado por posesión, venta o tráfico de drogas, incluida la marihuana, su licencia de conducir debe revocarse.**

Además, si las drogas están en su vehículo porque usted usa su automóvil para el transporte, la venta o la distribución de drogas, o para ayudar a cometer otro delito, la autoridad policial competente puede incautar y confiscar su automóvil por contrabando.

Accidentes de tránsito
Si está acusado de un choque, es posible que tenga que ir al tribunal. El oficial de policía que llegue a la escena del choque presentará cargos contra cualquier conductor que haya infringido una ley de tránsito. Los acusados tendrán la oportunidad de defenderse en el tribunal. El tribunal entonces decidirá la sanción. Es posible que los que estuvieron presentes en el choque tengan que acudir al tribunal como testigos.

Si lo consideran culpable en un choque donde alguien resultó herido y lo llevaron a una institución médica, o es su segunda colisión en un período de dos años, estará obligado por ley a asistir a un Curso de prevención de colisiones de tránsito.

Ley de tres accidentes en tres años
Si usted fue condenado o emitió una declaración de nolo contendere (no me opongo) en un tercer delito de tránsito que haya causado un choque dentro de los 36 meses, debe completar un curso aprobado por el FLHSMV para mejorar la conducción que incluya entrenamiento al volante y una evaluación de la seguridad en la conducción.

Usted debe:

- Completar 12 horas de un Curso aprobado avanzado para mejorar la conducción (ADI, Advanced Driver Improvement).
- Recibir 4 horas de entrenamiento al volante de una escuela de conducción comercial (CDS, commercial driving school) con licencia de Florida.
- Aprobar el examen de conducción prolongado con un examinador de licencias de conducir.

Si no cumple con estos requisitos en un plazo de 90 días, se cancelará la licencia.

Sistema de puntos

Hay una serie de infracciones que pueden causar la pérdida o restricci n de sus privilegios para conducir. Usted recibe puntos por infracciones de tránsito en movimiento. Si acumula demasiados puntos en un cierto período de tiempo, se suspenderá su licencia y puede ser revocada.

A continuaci n se presenta una lista de las infracciones más comunes y el valor de los puntos asociados.

Infracción	Puntos
Velocidad ilegal 15 MPH o menos por encima de la velocidad legal o anunciada	3
Velocidad ilegal 16 MPH o más por encima de la velocidad legal o anunciada	4
Velocidad ilegal con resultado en un choque	6
Abandonar la escena de un accidente con da os materiales de más de $50 d lares	6
Enviar mensajes de texto mientras se conduce	3
El envío de mensajes de texto se produjo en una zona escolar (puntos añadidos a la infracci n principal)	+3*
El envío de mensajes de texto provocó un choque	+6*
Violaci n de la señal de tráfico/señal/dispositivo	4
Rebasar un autob s escolar detenido	4
Rebasar un autob s escolar parado con resultado de lesiones graves o muerte	6
Conducción temeraria	4
Conducción en horario restringido	3
Usar un dispositivo portátil en un cruce escolar, zona escolar o zona de trabajo	3

Puntos añadidos a la infracción principal.

Duración de la suspensión:

► 12 puntos en un periodo de 12 meses-30 días
► 18 puntos en un periodo de 18 meses-3 meses
► 24 puntos en un periodo de 36 meses-1 a o

► La multa por exceder el límite de velocidad en más de 50 mph (80 km/h) es de $1,000 para el primer delito y de $2,500 para el segundo.
► Las multas se duplican cuando las infracciones de velocidad se producen en una zona escolar o de construcci n, con posibles sanciones civiles de hasta $1,000, y le pueden exigir que complete un curso de conducci n.
► El conductor recibe el mismo n mero de puntos indicados si la condena ocurre en otro estado o en un tribunal federal.

Restricción obligatoria para los menores

Cualquier conductor menor de 18 a os que acumule 6 o más puntos en un período de 12 meses tendrá automáticamente una restricci n de conducir por un a o Solo con fines comerciales. Si se acumulan puntos adicionales, la restricci n se prorroga por 90 días por cada punto adicional que reciba.

Pérdida del privilegio de conducir

Todo conductor que obtenga una licencia debe conducir con seguridad para poder mantenerla. Si infringe las leyes o se convierte en un conductor inseguro, su licencia se puede suspender, revocar o cancelar. La siguiente tabla incluye algunas, pero no todas, las razones por las que se puede perder el privilegio de conducir. Solucione sus infracciones de tránsito de manera oportuna para que no pierda su privilegio de conducir.

Se SUSPENDERÁ su licencia (retiro temporal del privilegio de conducir) si usted:
Presenta una solicitud de licencia de conducir fraudulenta.
Permite que su licencia se use para un propósito que esté contra la ley.
Es condenado en un tribunal de tránsito y el tribunal ordena que se suspenda su licencia.
Rechaza hacer una prueba para demostrar si conduce bajo la influencia de alcohol o drogas.
Hace uso indebido de una licencia restringida.
Obtiene un cierto número de puntos por delitos de tránsito en el sistema de puntos.
Infringe una ley de tránsito y no paga la multa o no comparece ante el tribunal como se le indica.
No paga la manutención de menores.
No lleva el seguro en su vehículo.
No para ante un autobús escolar.
Comete un robo en un establecimiento.
No cumple con los requisitos educativos (abandono escolar).

Se REVOCARÁ su licencia (cancelación del privilegio de conducir) si es declarado culpable de los siguientes hechos (o los registros del Departamento lo demuestran):
Conducir mientras está bajo la influencia de alcohol, drogas u otras sustancias controladas.
Un delito grave en el que se utiliza un vehículo motorizado.
No detenerse para ayudar cuando el vehículo que conduce está involucrado en un choque que provoca la muerte o lesiones personales.
Mentir sobre la propiedad o la conducción de vehículos motorizados.
Tres casos de conducción temeraria en un año.
Un acto inmoral en el que se utilizó un vehículo motorizado.
Tres delitos importantes o 15 delitos por los cuales recibe puntos en un período de 5 años.
Un delito grave por posesión de drogas.
Su visión es peor que los requisitos mínimos estándar.
Realizar competencias en la carretera.

Nota: Perder la fianza y no concurrir al tribunal para evitar ser condenado por conducción temeraria tiene el mismo valor que una condena.

Se CANCELARÁ su licencia (anulación y suspensión) si:
Su licencia fue emitida por error.
Brinda informaci n o identificaci n falsa.
No finaliza una escuela requerida.

Sanciones por rebasar a un autobús escolar detenido

- ► Las sanciones por rebasar un autob s escolar detenido incluyen:
- ► Infracci n de tránsito en movimiento sujeta a citaci n;
- ► Debe realizar un curso básico para mejorar la conducci n;
- ► Cuatro puntos en su licencia de conducir;
- ► Multa mínima de $265; si rebasa por el lado por el cual los ni os entran y salen, recibirá una multa mínima de $465;
- ► Si al rebasar causa graves lesiones o la muerte de otra persona, las sanciones incluyen las siguientes:
- ► Prestar 120 horas de servicio comunitario en un hospital o centro de traumatología;
- ► Participar en una sesi n grupal sobre el impacto a la víctima o en un curso para mejorar la conducción;
- ► Seis puntos en su licencia de conducir;
- ► Suspensi n de la licencia por un período mínimo de un a o;
- ► Una multa de $1,500.

Audiencias administrativas

Si se suspende o revoca su privilegio de conducir, puede ser elegible para solicitar una licencia de emergencia o un restablecimiento. Para obtener informaci n sobre la elegibilidad, comuníquese con la oficina local de la Agencia de Revisiones Administrativas (BAR, Bureau of Administrative Reviews), con el centro de servicios de licencias de conducir o con el Centro de atenci n al cliente del FLHSMV. Para programar una audiencia administrativa, visite MyDMVPortal.flhsmv.gov.

Si se encuentra suspendido administrativamente por tener una concentraci n de alcohol en el aliento o un nivel de alcohol en sangre de 0.08 o superior, o si se niega a someterse a una prueba de aliento, un análisis de orina o de sangre y desea apelar esta suspensi n, debe solicitar una audiencia de revisi n formal o informal en la oficina de la BAR correspondiente dentro de los 10 días de la fecha de su arresto.

Un infractor por DUI en primer grado que nunca antes haya tenido delitos relacionados con DUI puede ser elegible para solicitar una revisi n de elegibilidad para una licencia de conducir restringida. Al aceptar una licencia de conducir restringida, el conductor acepta renunciar al derecho a una revisi n de la suspensi n. Para elegir esta opci n, el conductor debe presentarse ante una oficina de la BAR dentro de los 10 días de la detenci n por DUI, solicitar la opci n de revisi n de exenci n y pagar una tarifa no reembolsable.

Permiso de estacionamiento para discapacitados

Si tiene una dificultad para moverse, no debe pagar el costo del estacionamiento en ninguna calle p blica, carretera o espacio con parquímetro y puede estacionar en cualquier espacio reservado para personas con discapacidades. Sin embargo, debe mostrar un permiso de estacionamiento para discapacitados o una placa para estacionar en estos lugares designados, y, de hecho, el vehículo debe transportar a la persona con la discapacidad que posee el permiso o el registro. A cualquier persona que obtenga o utilice un permiso que no le pertenezca se la acusará de un delito menor de segundo grado, castigado con una multa de $500 o hasta 6 meses de prisi n, y se podrá remolcar el vehículo estacionado ilegalmente y confiscarle el permiso.

Parte 2–Licencia de conducir de Florida

ABRÓCHATE EL CINTURÓN ESTE VERANO.

PODRÍA SALVAR UNA VIDA.

ARRIVE ALIVE THIS SUMMER

REALICE MANTENIMIENTO e INSPECCIÓN
A SUS NEUMÁTICOS

CÓMO OBTENER SU LICENCIA O TARJETA DE IDENTIFICACIÓN 10

Definiciones

Residente: Una persona que tiene su domicilio principal en este estado por un período de más de seis meses consecutivos; se ha registrado para votar; ha hecho una declaración de domicilio conforme a la sección 222.17 de los Estatutos de Florida, o ha solicitado la exención para una propiedad en este estado.

Inmigrante: Un "residente permanente extranjero" admitido en los Estados Unidos (EE. UU.) como residente legal permanente. El Servicio de Ciudadanía e Inmigración de los Estados Unidos (USCIS, United States Citizenship and Immigration Service) les concede legalmente a los inmigrantes el privilegio de residir de forma permanente en EE. UU. y les emite visas de inmigrante o modifica su estado a residente permanente.

No inmigrante: Un extranjero que busca entrar de forma temporal a los EE. UU. con un propósito específico y que ha declarado la intención de permanecer solo por un período de tiempo transitorio.

Ciudadano estadounidense: Una persona nacida en los Estados Unidos, o sus territorios, naturalizada o que tenga un certificado de ciudadanía del Departamento de Estado de los Estados Unidos (US Department of State).

¿Quién necesita una licencia de Florida para conducir?

Si usted es un residente de Florida, debe tener una licencia de conducir de Florida para conducir un automóvil en las calles públicas y las carreteras.

Un no residente (excepto un trabajador agrícola migrante o estacional) que acepta un empleo o se desempeña en un negocio, una profesión o una ocupación en este estado, o que inscribe a su hijo en una escuela pública de Florida, debe tener una licencia de conducir de Florida en un plazo de **30 días** para conducir un automóvil.

Excepciones a la licencia de conducir de Florida

No tiene que obtener una licencia de conducir de Florida para conducir en Florida si usted es un no residente de al menos 16 años de edad y tiene:

- ► una licencia de conducir válida, no comercial, de otro estado o territorio de los EE. UU.; o
- ► un permiso de conducir internacional de su país de residencia acompañado de una licencia válida de ese país.

Estas personas también están exentas (si son titulares de una licencia de conducir válido de su estado/país):

- ► Un empleado del gobierno de los EE. UU. que conduce un vehículo motorizado no comercial del gobierno de los EE. UU. en actividades oficiales.
- ► Cualquier persona no residente que trabaje para una empresa por contrato para el gobierno de los EE. UU. y que conduzca un vehículo no comercial. (Esta exención es solo por 60 días.)
- ► Miembros de las Fuerzas Armadas ubicados en Florida, sus cónyuges y dependientes.

- Un conductor con licencia que vive en otro estado y viaja de forma regular entre la casa y el trabajo en Florida.
- Cualquier estudiante no residente que asista a la universidad en Florida.
- Trabajadores agrícolas migrantes no residentes, aunque estén empleados o inscriban a los hijos en escuelas públicas, siempre que tengan una licencia de conducir válida de su estado de origen.
- Aquellas personas que solo conducen vehículos, como tractores agrícolas o maquinaria de carretera, temporalmente en la carretera.

Clasificaciones de licencias de conducir de Florida

La **Clase E** es para conductores de vehículos no comerciales.

Debe tener una licencia de conducir comercial (CDL, **Commercial Driver's License) Clase A, B o C** para manejar los siguientes:

- cualquier vehículo individual con una clasificación de peso bruto del vehículo (GVWR, Gross Vehicle Weight Rating) de 26,001 libras (11 toneladas) o más; o
- una combinación de vehículos con una clasificación de peso bruto de combinación de vehículos de 26,001 libras (11 toneladas) o más, si el remolque tiene un GVWR de 10,001 libras (4.5 toneladas) o más; o
- un vehículo diseñado para transportar 16 pasajeros o más (incluido el conductor); o
- un vehículo de cualquier tamaño que requiera letreros de materiales peligrosos o que traslade materiales clasificados como una toxina o agente exclusivo en la parte 73 del título 42 del Código de Regulaciones Federales (CFR, Code of Federal Regulations). Las regulaciones

federales a través del Departamento de Seguridad Nacional (Department of Homeland Security) exigen una verificación de antecedentes e identificación mediante huellas dactilares para el endoso de Materiales Peligrosos.

Consulte el Manual de licencias de conducir comerciales de Florida para obtener más información.

Requisitos para la licencia de conducir Clase E

1. Tener al menos 16 años.
2. Haber completado el curso de Educación sobre las leyes de tránsito y el abuso de sustancias.
3. Proporcionar la identificación requerida.
4. Aprobar los exámenes de la vista, de conocimientos de la Clase E y de habilidades de conducción.
5. **Si es menor de 18 años:**
   - Debe poseer la licencia de principiante durante 12 meses o hasta que cumpla 18 años, lo que ocurra primero.
   - NO debe tener ninguna condena por infracción de tránsito en los 12 meses posteriores a la fecha de emisión de la licencia de principiante. O bien, puede tener UNA infracción de tránsito (en los 12 meses posteriores a la emisión de la licencia de principiante) si se mantiene la sentencia.
   - Uno de sus padres, el tutor legal o el adulto responsable de 21 años de edad o mayor debe certificar que el conductor cuenta con 50 horas de experiencia de manejo como mínimo, de las cuales 10 deben haber sido durante la noche.

- Uno de los padres o el tutor debe firmar el formulario de consentimiento parental.
- Debe cumplir con la asistencia a las clases.

Licencia de aprendizaje

1. Tener al menos 15 años.
2. Haber completado el curso de Educación sobre las leyes de tránsito y el abuso de sustancias.
3. Aprobar los exámenes de la vista y de conocimientos de la licencia Clase E.

Reciprocidad

Los exámenes de conocimientos para obtener una licencia Clase E y de las habilidades de conducción se convalidan (no se exigen) si presenta una licencia de conducir válida de cualquiera de los siguientes lugares:

- Estados Unidos (incluidos los territorios/las posesiones)
- Fuerzas Armadas de los Estados Unidos
- Canadá*
- Francia
- Alemania (examen de habilidades de conducción únicamente)
- República de China (Taiwán)
- Corea del Sur

Nota: Aún es necesario un examen de la vista.

Los canadienses pueden convalidar los requisitos de examen al presentar su licencia de conducir canadiense; de lo contrario, deben realizar los exámenes para obtener la licencia Clase E. Las licencias de otros estados o territorios/posesiones de los Estados Unidos se deben presentar cuando se emita la licencia de conducir de Florida.

Curso sobre las leyes de tránsito y el abuso de sustancias
(TLSAE, Trafic Law & Substance Abuse Education Course)

Debe completar el curso de TLSAE si nunca tuvo, o no posee, una licencia de conducir en ningún estado, país o jurisdicción y solicita una licencia de conducir o licencia de principiante.

Consentimiento de los padres para menores de edad

Si es menor de 18 años y no está casado, su padre o tutor legal debe firmar su solicitud de licencia delante del agente de licencias de conducir o de un notario público.**

El padre o tutor legal que firma su solicitud acepta asumir la responsabilidad por su manejo. Si el firmante decide rescindir la responsabilidad, se cancelará su licencia. Para cancelar la licencia, el firmante debe escribirle una carta al FLHSMV en la cual solicite retirar su consentimiento para el conductor menor de edad y debe incluir el nombre completo, la fecha de nacimiento y el número de licencia del conductor menor de edad. Envíe la solicitud a la siguiente dirección:

Bureau Chief of Motorist Compliance
Division of Motorist Services
2900 Apalachee Parkway
Tallahassee, FL 32399-0575

La persona que firma también puede visitar MyDMVPortal.flhsmv.gov para cancelar la licencia.*

**Los menores de edad casados deben presentar el certificado de matrimonio legalizado. Los menores de edad emancipados deben presentar la orden del tribunal certificada.*

Requisitos físicos y mentales

Debe indicar cualquier problema físico o mental que pueda afectar sus facultades de conducción en la solicitud de la licencia. Si tiene epilepsia, desmayos, vértigos, desvanecimientos o cualquier otra condición médica que pueda dificultar su capacidad para manejar, es posible que se le solicite que su médico complete un formulario de informe médico. Este formulario se puede solicitar a través del centro de servicios de licencias de conducir. El informe lo debe completar su médico y se debe presentar al FLHSMV antes de la emisión de la licencia. Si es diabético y se administra insulina, puede pedir que figure "insulinodependiente" en su licencia.

Códigos de restricción

Si tiene una restricción en su licencia y no cumple con los requisitos, puede recibir una citación y es posible que se suspenda su licencia.

	Códigos de restricción
B	**Lentes de corrección.** Esta persona debe usar lentes de corrección (gafas o lentes de contacto) en todo momento cuando conduce.
C	**Controles manuales o extensión del pedal.** Esta persona sólo puede conducir un vehículo que tenga controles manuales o una extensión del pedal.
F	**Espejo retrovisor externo.** El vehículo que conduce la persona debe tener un espejo retrovisor externo (del lado izquierdo) en el auto.
G	**Conducir solamente durante el día.** (Del amanecer hasta el anochecer)
H	**Fines de empleo únicamente.** El privilegio de conducir se limita a conducir de ida y vuelta al trabajo y a conducir en el trabajo requerido por un empleador u ocupación.
I	**Otras restricciones.**
1	**Fines comerciales únicamente.** El privilegio de conducir se limita a la conducción necesaria para mantener los medios de vida, por ejemplo, para ir y volver del trabajo, en el trabajo, con fines educativos, en la iglesia y con fines médicos.
2	**Dispositivo de interbloqueo de la libertad condicional.** Esta persona sólo puede conducir un vehículo que tenga un dispositivo que bloquee el encendido.
3	**Brazalete de alerta médica.**
4	**Transmisión automática.** Esta persona sólo puede conducir un vehículo con transmisión automática.
5	**Dirección asistida.** Esta persona sólo puede conducir un vehículo con dirección asistida.
6	**Señales direccionales.** Esta persona sólo puede conducir un vehículo que tenga señales mecánicas.
7	**Agarre del volante.** Esta persona sólo puede conducir un vehículo que tenga un pomo o empuñadura en el volante.
8	**Acelerador del pie izquierdo.** Esta persona sólo puede conducir un vehículo que tenga un acelerador de pie izquierdo.
9	**Aparato auditivo.** Esta persona debe llevar un audífono en todo momento mientras conduce.

Requisitos del documento de identificación

Todos los solicitantes de una licencia de conducir o tarjeta de identificación de Florida deben presentar lo siguiente:

- ► [Paso 1] Identificación primaria;
- ► [Paso 2] Comprobante del número del Seguro Social (puede ser una identificación militar); y
- ► [Paso 3] Dos documentos en los que figure su domicilio en Florida.

Todos los documentos deben ser originales o certificados; no se aceptarán fotocopias ni copias notariadas.

Si ha cambiado su nombre desde la emisión de la identificación primaria, deberá presentar un documento de cambio de nombre, como un certificado de matrimonio, una orden judicial o una sentencia de divorcio para relacionar los nombres de la identificación primaria y el nombre que se utilizará en la licencia de conducir o en la tarjeta de identificación. (Ver página 79).

Visite flhsmv.gov/WhatToBring para obtener una lista personalizada de los requisitos.

Paso 1: Identificación primaria

Los **ciudadanos estadounidenses** deben presentar **uno** de los siguientes documentos originales o certificados:

- ► Certificado de nacimiento de Estados Unidos, incluidos los territorios y el Distrito de Columbia. El certificado de nacimiento debe ser emitido por una agencia gubernamental. No se aceptarán certificados de nacimiento de hospitales.
- ► Tarjeta pasaporte o pasaporte americano válido.
- ► Informe consular de nacimiento en el extranjero.
- ► Certificado de naturalización.
- ► Certificado de ciudadanía.

Los inmigrantes deben presentar **uno** de los siguientes documentos originales o certificados:

- ► Certificado válido de inscripción en el registro de extranjeros (Tarjeta verde [Green card], Formulario I-151 o I-551 o Tarjeta de residencia permanente).
- ► Sello I-551 en un pasaporte válido con una visa estadounidense válida adjunta o un formulario I-94 aprobado.
- ► Orden de un juez de inmigración con el número A del cliente que le otorga asilo.
- ► Formulario I-797, con el número A del cliente que indica que le otorgaron asilo.
- ► Formulario I-797, formulario I-94 que indique que el cliente ha ingresado como refugiado, u otro formulario de la Oficina de Servicios de Ciudadanía e Inmigración (Citizenship and Immigration Services), con el número A del cliente, que indique que se ha aprobado la solicitud de estado de refugiado del cliente.

Los ciudadanos canadienses deben presentar **uno** de los siguientes documentos originales o certificados:

- ► Pasaporte canadiense válido.
- ► Certificado de nacimiento original o certificado canadiense.
- ► Certificado de naturalización canadiense.
- ► Certificado de ciudadanía canadiense.

Los no inmigrantes deben presentar **uno** de los siguientes documentos originales:

- ► Tarjeta de autorización de empleo válida emitida por el USCIS (Formulario I-688B o I-766).
- ► Prueba de clasificación de no inmigrante provista por el USCIS o la Oficina de Aduanas y Protección Fronteriza de los EE. UU. (US Customs and Border Protection) (Formulario I-94, vigente, con los documentos adjuntos de respaldo

requeridos). Los formularios I-94 se deben acompa ar con un pasaporte válido con una visa estadounidense válida adjunta. Algunas clasificaciones requieren documentaci n adicional. Algunos ejemplos son:

- ► La clasificaci n F-1 y M-1 también se deben acompañar con un formulario I-20.

- ► ▷ La designaci n J-1 o J-2 se debe acompa ar con un formulario DS-2019.

- ► Las clasificaciones de refugiado, asilado y persona con ingreso provisional se deben acompañar con documentaci n adicional (por ejemplo, un formulario I-94 con una fotografía adjunta).

Los documentos que siguen se aceptarán solo con un documento de apoyo, incluyendo, entre otros, un pasaporte, una licencia de conducir o una tarjeta de identificaci n de Florida, una licencia de conducir de cualquier otro estado, una tarjeta de autorizaci n de empleo, una identificaci n de empleador del país de origen, una identificaci n de la escuela o universidad, una tarjeta del Seguro Social u otro documento de los servicios de ciudadanía e inmigraci n, incluyendo:

- ► I-571 Documento de viaje/Permiso de viaje para refugiados.
- ► I-512 Carta de persona con ingreso provisional aceptada.
- ► IJO Orden de un juez de inmigraci n de asilo o cancelaci n de expulsi n que otorga asilo o cancelaci n de expulsi n.

Los inmigrantes, ciudadanos canadienses y otras personas no inmigrantes que soliciten una licencia de conducir de

Florida pueden recibir un permiso para conducir sin fotografía temporal de 60 días. Los ciudadanos no estadounidenses que soliciten un documento de identidad original recibirán un recibo.

El FLHSMV revisará los documentos de identificación proporcionados y verificará de manera electr nica su validez con el Departamento de Seguridad Nacional (Department of Homeland Security), el Departamento de Policía de Florida (FDLE, Florida Department of Law Enforcement) y la Oficina Federal de Investigaci n (FBI, Federal Bureau of Investigation). Si se verifica su identidad y presencia legal, se emitirá su licencia de conducir o tarjeta de identificaci n en la oficina de emisi n.

Si no se verifica la prueba de identidad/presencia legal, la transacci n deberá someterse a una verificaci n secundaria. Si se verifica el comprobante secundario de identidad/presencia legal, se le enviará por correo la licencia de conducir o la tarjeta de identificaci n; si no se verifica, se denegará la emisi n de la licencia de conducir o de la tarjeta de identificaci n.

Los inmigrantes y no inmigrantes pueden comunicarse con el USCIS para solicitar más informaci n sobre c mo obtener los documentos de identificaci n/presencia legal.

Paso 2: Número del Seguro Social

Las leyes de Florida exigen el registro de su n mero del Seguro Social. Verificaremos, de manera electr nica, la informaci n proporcionada con la Administraci n del Seguro Social (Social Security Administration). Todos los solicitantes de una licencia de conducir o de una tarjeta de identificaci n deben presentar **uno** de los siguientes documentos originales o certificados:

- ► Tarjeta del Seguro Social
- ► Formulario W-2

► Cheque de nómina que incluya su número del Seguro Social completo.

► Formulario 1099 (impreso previamente por el emisor).

► Identificación militar.

El nombre que figura en su documento del Seguro Social debe coincidir con el nombre que desea que aparezca en su licencia de conducir o tarjeta de identificación. Si recientemente cambió su nombre, debe actualizar sus registros con la Administración del Seguro Social primero.

Identificación Secundaria

Si nunca ha tenido un número del Seguro Social y es ciudadano estadounidense o inmigrante, debe brindar uno de los documentos secundarios enumerados a continuación. Todas los no inmigrantes deben presentar uno de los siguientes documentos secundarios:

Una licencia para conducir del distrito de Columbia, territorios de los Estados Unidos o uno de nuestros 50 estados.
Una tarjeta de identificación del distrito de Columbia, territorios de los EE. UU. o uno de nuestros 50 estados.
Tarjeta de identificación de miembro del servicio militar o dependiente de miembro del servicio militar de los Estados Unidos.
El registro escolar que indique la fecha de nacimiento y que incluya la firma del oficial del registro.
La transcripción de la partida de nacimiento inscrita con un oficial público que tenga la obligación de registrar certificados.
Una póliza de seguro de vida del cliente que haya estado vigente por, al menos, dos años y que indique el mes, el día y el año de nacimiento.
Registro de licencia de conducir o registro de tarjeta de identificación de Florida.
Registro de servicio selectivo (Tarjeta de reclutamiento).
Copia del recibo de la emisión de su última licencia para conducir de Florida.
Formulario de inmigración I-571.
Formulario federal DD-214 (registro militar).
Certificado de matrimonio.
Orden judicial que incluya el nombre legal.
Una tarjeta de inscripción como votante de Florida que haya sido emitida, al menos, tres meses antes.
Certificado de registro vehicular de Florida obtenido del centro de servicios donde se registró el vehículo del cliente. Certificado de registro en Florida o fuera del estado, si se indican el nombre y la fecha de nacimiento.
Formulario de consentimiento de los padres de un menor firmado por el padre o tutor legal.
Pasaporte de otro país, licencia de conducir o tarjeta de identificación emitido por el gobierno.
Certificado de bautismo que indique la fecha de nacimiento y el lugar del bautismo.
Registro de la Biblia Familiar o anuncio de nacimiento en un libro de bebés.
Permiso de armas ocultas.

Paso 3: Comprobante de domicilio*

Todos los solicitantes de una licencia de conducir o de una tarjeta de identificación deben presentar **dos documentos** donde figure su dirección residencial en Florida:

1. Escritura, hipoteca, estado de cuenta mensual de la hipoteca, libreta de pago de la hipoteca o acuerdo de alquiler/renta residencial.
2. Tarjeta de inscripción como votante de Florida.
3. Registro o título vehicular de Florida.
4. Registro o título de embarcación de Florida (si vive en una barco/casa flotante).
5. Declaraciones (comuníquese con su centro de servicios de licencias de conducir local para obtener información sobre sobre el uso de las declaraciones).
6. Una conexión de servicios públicos.
7. Libreta de pago del automóvil.
8. Tarjeta de servicios selectivos.
9. Tarjeta médica o de salud con el domicilio indicado.
10. Cuenta o póliza de seguro vigente del propietario.
11. Cuenta o póliza de seguro vigente del automóvil.
12. Formularios de certificados de notas de instituciones educativas para el año escolar en curso.
13. Licencia profesional vigente emitida por una agencia gubernamental en los EE. UU.
14. Formulario W-2 o formulario 1099.
15. Formulario DS2019, Certificado de elegibilidad para la condición de visitante de intercambio (J-1).
16. Una carta de un hogar de tránsito, proveedor de servicios de transición o casa de rehabilitación que verifique que el cliente vive en la dirección del hogar.
17. Cuentas de servicios públicos, correo de instituciones financieras; inclusive, estados de cuenta de cheques, cuenta de ahorros o cuenta de inversión.
18. Correo de las agencias gubernamentales de la ciudad, del condado, del estado o federales (incluidas las agencias de la ciudad y del condado).
19. Delincuente/depredador/reincidente sexual transitorio: Formulario de inscripción del FDLE completado por el departamento local del alguacil.

Las personas que viven con otra persona deben presentar dos documentos y una carta de esa persona.

Tarjetas de identificación

Si necesita una tarjeta de identificación, puede solicitarla en cualquier centro de servicios de licencias de conducir. Las personas que poseen una licencia de conducir y que deseen obtener una tarjeta de identificación de Florida deben entregar su licencia de conducir. Tiene prohibido poseer una licencia de conducir y una tarjeta de identificación al mismo tiempo. Para obtener una tarjeta de identificación, debe:

1. Tener 5 años de edad o más. (A cualquier persona, independientemente de la edad, se le puede emitir una tarjeta de identificación si solicita un permiso de estacionamiento para discapacitados).
2. Presentar la información solicitada, prueba de su número del Seguro Social y prueba de domicilio.

Las tarjetas de identificaci n emitidas a personas de entre 5 y 14 a os tendrán una validez de cuatro a os; todas las demás tendrán una validez de ocho a os.

Tarjetas de identificación para personas sin hogar

Si usted es una persona sin hogar, puede obtener una tarjeta de identificaci n sin costo alguno. Debe presentar una carta actual de un hogar de tránsito local que verifique que usted no tiene hogar y cumple con los requisitos de documentaci n de identificaci n.

Tarjetas de identificación para personas que están en el nivel de pobreza o por debajo de este

Puede obtener una tarjeta de identificaci n sin costo siempre y cuando cumpla con los requisitos de documentaci n de identificaci n y proporcione uno de los siguientes documentos:

- ► Declaraci n de impuestos del año anterior con ingresos brutos que cumplan el 100 % del nivel de pobreza federal.
- ► Prueba de inscripci n en Access, el Programa de Beneficios de Florida del Departamento de Ni os y Familias.

Renovaci n de la licencia

Las licencias para conducir Clase E son válidas de seis a ocho a os. Las fechas de vencimiento pueden variar para las renovaciones de licencias de conducir emitidas a personas no inmigrantes.

Su licencia no se renovará si:

- ► No es elegible para recibir una licencia de conducir.
- ► No respondió a una citaci n relacionada con una infracci n de tránsito.

- ► Su licencia para conducir está suspendida, revocada o cancelada.
- ► No presenta la documentaci n requerida.

Requisitos para la emisión de la renovación

1. Presente su licencia para conducir anterior.
2. pruebe un examen de la vista.
3. Si ha cambiado su domicilio, deberá proporcionar como prueba de domicilio dos documentos aproba- dos con su nuevo domicilio.
4. Si ha cambiado su nombre, deberá brindar documentos aprobados que establezcan su nuevo nombre.

Se exigen la identificaci n primaria, el comprobante del n mero del Seguro Social y dos comprobantes de domicilio (página 73 a 76) si no tiene una licencia de conducir ni una tarjeta de identificaci n de Florida emitida en una oficina local a partir del 1º de enero de 2010.

Cualquier persona no inmigrante que posea una licencia de conducir o una tarjeta de identificaci n que necesite la renovaci n o el reemplazo de las mismas, debe solicitarlo en persona.

Renovación en línea

Si es inmigrante o ciudadano estadounidense, puede renovar su licencia de conducir en línea en MyDMVPortal.flhsmv.gov.

No es elegible para realizar una renovaci n en línea en los siguientes casos:

- ► Su renovaci n previa se realizó por teléfono, correo o por Internet.
- ► No es un residente permanente ni ciudadano estadounidense.
- ► Su privilegio de conducci n está suspendido, revocado o cancelado y quiere una tarjeta de identificaci n.

Después de que se procese su solicitud, recibirá una licencia por seis u ocho a os. Las leyes de Florida exigen que destruya su licencia de conducir antigua después de recibir la licencia nueva. La solicitud de renovaci n que se recibe después de la fecha de vencimiento de la licencia (medianoche de su cumplea os) exige el cargo por atraso de $15.

Conductores mayores de 80 años de edad

Todos los conductores mayores de 80 a os que están en proceso de renovar su licencia de conducir deben aprobar el examen de la vista. El examen se puede administrar en el centro de servicios de licencias de conducir sin costo o por un proveedor de atenci n médica autorizado de Florida, como su médico u optometrista. El informe del examen de la vista se debe completar y enviar al FLHSMV en el caso de que se lo realice su médico. Ver el Formulario HSMV 72119. Una vez que lo haya presentado, lo podrá renovar en línea o por correo.

Si decide hacerse el examen de la vista en un centro local de servicios de licencias de conducir, programe una cita para que podamos darle un servicio más eficaz. Una vez que haya aprobado el examen de la vista, puede completar el proceso de renovaci n. Sin embargo, si se detecta un problema, lo remitirán a su oftalm logo para hacer un seguimiento antes de poder proceder con la renovaci n.

Reemplazo de la licencia de conducir/ tarjeta de identificación

Si pierde o le roban su licencia de conducir o tarjeta de identificaci n, **solicite su reemplazo inmediatamente.** Puede obtener un reemplazo en el centro de servicios de licencias de conducir o en línea en MyDMVPortal.flhsmv.gov.

Si le robaron la tarjeta y usted brinda una copia de la denuncia policial (personalmente), no se aplica el cargo por renovaci n siempre y cuando no realice ning n cambio en la tarjeta, de lo contrario, se aplica un cargo por renovaci n.

Requisitos para el reemplazo

Se exigen la identificaci n primaria, el comprobante del n mero del Seguro Social y dos comprobantes de domicilio si no tiene una licencia de conducir ni una tarjeta de identificaci n de Florida emitida en una oficina local a partir del 1° de enero de 2010.

- ► Si ha cambiado su domicilio, deberá proporcionar como prueba de domicilio dos documentos aprobados.
- ► Si ha cambiado su nombre, deberá brindar documentos aprobados que establezcan su nuevo nombre.

Cambio de domicilio

Debe tener una nueva licencia de conducir **en un plazo de 30 días naturales después de que se produzca cualquier cambio en su direcci n de correo o domicilio.** Puede cambiar el domicilio en su licencia de conducir o tarjeta de identificaci n mediante cualquiera de las siguientes formas:

- ► Visitando MyDMVPortal.flhsmv.gov.
- ► Visitando su centro local de servicios de licencias de conducir o la oficina de recaudaci n de impuestos.

Después de haber recibido la licencia de conducir nueva, destruya su licencia antigua seg n lo exigen las leyes de Florida.

Si no informa un cambio de direcci n, es posible que no reciba la renovaci n del registro del autom vil, la renovaci n de su licencia de conducir ni avisos de posibles sanciones.

Si lo para un agente del orden público y el domicilio en su licencia para conducir no es correcto, es posible que reciba una citación.

Cambios de nombre

Si ha cambiado su nombre y quiere que aparezca en la licencia de conducir o en la tarjeta de identificación de manera diferente de la que aparece en su identificación primaria, deberá:

- ► Presentar un certificado de matrimonio original o certificado por el gobierno, una sentencia de divorcio o una orden judicial como documento de cambio de nombre.
- ► Cambiar su nombre en la tarjeta del Seguro Social.
- ► **Los inmigrantes y no inmigrantes** deben cambiar su nombre en sus documentos de los Servicios de Ciudadanía e Inmigración de los Estados Unidos para poder cambiar su nombre en la licencia de conducir o en la tarjeta de identificación de Florida.
- ► **Los ciudadanos canadienses** deben cambiar su nombre en su pasaporte canadiense para solicitar el cambio del nombre en la licencia de conducir o en la tarjeta de identificación.

Veteranos

Designación de veterano en la licencia de conducir o en la tarjeta de identificación

Cualquier veterano americano retirado con honores puede hacer colocar la designación de "Veterano" en su licencia de conducir o en su tarjeta de identificación sin costo. El veterano deberá proporcionar una copia de su DD214 u otra constancia de la baja aprobada en el momento de la emisión.

Exención de cargos para veteranos de los EE. UU. con discapacidad del 100 %

Cualquier veterano retirado con honores de las Fuerzas Armadas que haya recibido una tarjeta de identificación válida por parte del Departamento de Asuntos de Veteranos (Department of Veterans Afairs), o una carta de determinación de discapacidad de la Administración de Veteranos (Veterans Administration) y que, según la determinación de la Administración de Veteranos, tiene una discapacidad relacionada con el servicio del 100 % quedará exento del pago de determinados cargos de la licencia de conducir, como los cargos iniciales de la licencias y los cargos por renovación. Todos los cargos de la tarjeta de identificación están exentos.

Servicio selectivo

La ley del Estado exige que cualquier hombre que sea inmigrante o ciudadano estadounidense, que tenga 18 años de edad como mínimo pero que sea menor de 26 años, cumpla con los requisitos del Sistema federal de servicios selectivos al solicitar una licencia de conducir, una licencia de principiante, una licencia de conducir comercial, una tarjeta de identificación o la renovación o el reemplazo de una tarjeta o licencia (www.sss.gov)

Agresores y depredadores sexuales

En un plazo de 48 horas después de haber completado el registro inicial requerido como depredador o agresor sexual en Florida, todos los depredadores y agresores sexuales que no estén presos, incluyendo aquellos que están bajo la supervisión del Departamento de Correcciones de Florida (Florida Department of Corrections), deberán registrarse personalmente en el centro de servicios de licencias de conducir o en la oficina de recaudación de impuestos.

El depredador o agresor sexual debe identificarse como tal y brindar su lugar de residencia permanente o temporaria. Los números de apartado postal no se pueden utilizar en lugar del domicilio físico.

Los agresores sexuales tendrán "943.0435 F.S." impreso en el frente de su licencia para conducir o tarjeta de identificación. Los depredadores sexuales tendrán "DEPREDADOR SEXUAL" impreso en el frente de su licencia para conducir o tarjeta de identificación.

Los depredadores y agresores sexuales deben informar personalmente a un centro de servicios de licencias de conducir cada vez que su licencia o tarjeta de identificación esté sujeta a renovación y dentro de las 48 horas posteriores a cualquier cambio de nombre o domicilio.

Reincidentes

Los reincidentes son ciertas personas designadas como agresores habituales de delitos violentos, delincuentes violentos reincidentes o delincuentes de tres delitos violentos.

Dentro de los dos días hábiles después de haber completado el registro requerido como reincidente en Florida, todos los reincidentes que no estén presos, inclusive aquellos que están bajo la supervisión del Departamento de Correcciones de Florida, deberán registrarse en persona en el centro de servicios de licencias de conducir.

Los reincidentes deben informar personalmente al centro de servicios de licencias de conducir cada vez que su licencia o tarjeta de identificación esté sujeta a renovación y en un plazo de dos días hábiles después de cualquier cambio de nombre o dirección.

Información de contacto en caso de emergencia

Si tiene una licencia de conducir o tarjeta de identificación de Florida, registre su información de contacto para emergencias en el sitio web del FLHSMV: flhsmv.gov. Esto le da al oficial de policía contacto inmediato en caso de que haya participado en un accidente o una emergencia.

Inform

Programa de donantes de órganos y tejidos de Florida

Donate Life Florida es la organización sin fines de lucro que supervisa el registro estatal de donantes de órganos, ojos y tejidos. El Registro de Donantes de Órganos y Tejidos Joshua Abbott (Joshua Abbott Organ & Tissue Donor Registry) les permite a los residentes de Florida unirse al registro de donantes de órganos y tejidos del estado al obtener/renovar su licencia en un centro de servicios de licencias de conducir local.

DonateLifeFlorida.org.
1-877-FL-SHARE

Contribuciones voluntarias

Cuando solicite una licencia de conducir o tarjeta de identificación, puede contribuir voluntariamente a programas aprobados por la ley y a fondos fiduciarios especiales. La lista completa de las contribuciones voluntarias de Florida está disponible en: flhsmv.gov/voluntary-contributions.

¿Sabria la policía **A QUIEN LLAMAR?**

Regístrese hoy mismo con el sistema de información de contactos de emergencia de la Florida (ECI). ¡Es gratis, rápido y fácil!

ECI permite que la policía se ponga en contacto con su designado familiar o amigo en una situación de emergencia. El sistema es mantenido de manera segura por el Departamento de Seguridad de Carreteras y Vehículos Motorizados de la Florida (FLHSMV) y sólo lo puede acceder la policía en caso de emergencia.

Los floridanos con una licencia de conducir válida o tarjeta de identificación pueden entrar hasta dos contactos de emergencia. Los residentes pueden registrar o actualizar su ECI gratis en *flhsmv.gov/eci* y en las oficinas de licencias de conducir en todo el estado.

Información de contactos de emergencia

flhsmv.gov/eci

¿Ha cambiado su información?
Vaya en línea y ponga al día su ECI para asegurarse que alguien está disponible cuando usted lo necesita.

Para más información sobre este y otros servicios prestados por DHSMV, visite www.flhsmv.gov.

Cargos

Cargos por licencia de conducir/tarjeta de identificación

Cargo por licencia inicial por la primera licencia de Florida $48
Licencia de principiante (original) $48
Renovaci n de la licencia de conducir clase E $48
Renovación de la licencia de principiante $48
Reemplazo de licencia $25
Tarjeta de identificación (original) $25
Tarjeta de identificación (reemplazo o renovación) $25
Cargo por retraso en la renovaci n después de la fecha de vencimiento $15

Otros cargos

Repetici n de las pruebas escritas (examen de conocimientos de la Clase E) $10
Repetición de las pruebas de conducción $20
Endoso de motocicleta $7
Cargo por servicio de recaudaci n de impuestos (para servicios prestados
en una oficina de recaudaci n de impuestos) .... $ 6.25

Cargos de restablecimiento

Cargos administrativos por fraude al seguro $180
Cargos administrativos por infracciones relacionadas con el alcohol y las drogas $130
Después de la revocaci n de una licencia $75
Después de la suspensi n de una licencia $45
Suspensi n por falta de pago o de comparecer a una citaci n de tránsito $60
Suspensi n por falta de pago de la manutenci n infantil (por orden judicial) $60
Suspensi n por falta de pago de la manutenci n infantil (DOR) $45
Suspensi n por falta de pago de las obligaciones financieras del tribunal $60
Cheques inválidos $55

Cargos de restablecimiento del seguro

No mantener un seguro de responsabilidad civil $15
No mantener el seguro de protecci n contra lesiones personales:
(1ª suspensión) $150
(2ª suspensión) $250
(3ª suspensión) $500
(1ª suspensi n - resultante de una condena por DUI) $150
(2ª suspensi n - resultante de una condena por DUI) $250
(3ª suspensi n - resultante de una condena por DUI) $500

Las principales citaciones de 2020 para los adolescentes de 15 a 19 años		
	Infracción	**Citaciones**
1	Velocidad ilegal	50,484
2	Conducción temeraria	13,856
3	Operar un vehículo motorizado sin prueba de seguro	7,559
4	Operar un vehículo motorizado sin licencia de conducir	7,420
5	Violación de la licencia de aprendizaje	6,390
6	No respetar una se al/dispositivo de tráfico	5,223
7	No mostrar la licencia de conducir	4,526
8	Operar un vehículo motorizado oscuro/descubierto/sin etiqueta, Reg.	4,352
9	No respetar la se al de parar (stop)	4,277
10	Conducir con la licencia cancelada/revocada/suspendida	2,972

Fuente: Departamento de Seguridad de Carreteras y Vehículos Motorizados

COMPARTA LA CARRETERA

YouCanStopHT.com

CUALQUIERA

PUEDE SER UNA VICTIMA DE TRATA DE PERSONAS

La trata de personas no tiene límites. Esta forma moderna de esclavitud se cobra víctimas de todas las edades, sexos, etnias y grupos demográficos. Usted puede salvar una vida conociendo las señales y denunciando el delito.

CONOZCA LAS SEÑALES

FÍSICAS
• Marcas-cicatrices, quemaduras o tatuajes • Desnutrición • Problemas dentales graves • Desorientación o confusión • Drogadicción • Infecciones • Falta de sueño

VERBALES
• Responde como si estuviera entrenado(a) • Permite que otra persona hable por él(ella) • Temeroso(a), ansioso(a) o paranoico(a) • Reacios a hablar de sus lesiones

EN LA ESCUELA
• Ausencias inexplicables • Cambio repentino en la vestimenta, el comportamiento o las relaciones habituales • Huidas crónicas • Aumento repentino de las posesiones materiales

DENUNCIAR EL DELITO

PRIMER PASO
Para denunciar la sospecha de trata de personas a las fuerzas del orden en FL
LLAME AL 1-800-342-0820

SEGUNDO PASO
Para obtener ayuda de la Línea Nacional de Tráfico de Personas
LLAME AL 1-888-373-7888

OFFICE OF
ATTORNEY GENERAL
ASHLEY MOODY

84

PROVEEDORES DE ESCUELAS DE CONDUCCIÓN

Curso de educación sobre las leyes de tránsito y el abuso de sustancias (TLSAE)

Si nunca tuvo, o no tiene, una licencia de conducir en ningún estado, país o jurisdicción, debe completar el curso de Educación sobre las leyes de tránsito y el abuso de sustancias antes de solicitar una licencia en el estado de Florida. Los cursos de educación para conductores que ofrecen las juntas escolares de algunos condados pueden sustituir este requisito. Comuníquese con su junta escolar local para obtener más información. Si es menor de 21 años y recibe una notificación de suspensión por conducir con un BAL de 0.02 a 0.05, debe completar un curso de Educación sobre las leyes de tránsito y el abuso de sustancias para el restablecimiento de su licencia para conducir por dificultades personales.

Exámenes para la licencia de conducir de terceros

Los exámenes para la licencia de conducir (examen de conocimiento de la Clase E) ahora están disponibles de proveedores aprobados por el FLHSMV. El examen por Internet está disponible para los estudiantes menores de 18 años (con certificación de los padres/tutor). Los estudiantes de todas las edades pueden hacer los exámenes con un proveedor de exámenes privado personalmente.

> ***La lista actualizada de los proveedores de cursos APROBADOS se encuentra en nuestro sitio web:** www.flhsmv.gov

Curso básico para mejorar la conducción (BDI)

Debe completar un curso básico para mejorar la conducción (curso de prevención de colisiones de tránsito)* si desea conservar su licencia de conducir en las circunstancias que se describen a continuación:

► Fue uno de los conductores involucrados en un accidente y fue hallado culpable y alguien fue trasladado al hospital.

► Estuvo involucrado en dos accidentes en un período de dos años, y esto derivó en daños materiales por más de $500.

► Fue condenado por:
  ► Cruzar un semáforo en rojo.
  ► Rebasar a un autobús escolar cuando éste mostraba una señal de parada.
  ► Realizar competencias en la carretera.
  ► Conducción temeraria

Si usted recibe una multa por una infracción no penal en movimiento, y usted no tiene una CDL, usted puede elegir asistir a un curso básico de mejora del conductor en lugar de puntos en su registro de conducción. (Usted no puede elegir asistir si fue acusado de exceder el límite de velocidad por más de 30 MPH).

Una persona que opta por asistir a un curso básico de mejora de la conducción para una citación de tránsito no penal recibirá una reducción del 18 por ciento hacia la pena civil.

En algunos casos, puede optar por asistir a un curso para recibir descuentos en el seguro. Este descuento queda a discreción de su compañía de seguros. Si, como resultado de una infracción en movimiento, usted elige asistir y completar un curso básico de mejora del conductor, recibirá los siguientes beneficios:

1. Las compañías de seguros no pueden imponer una prima adicional o negarse a renovar una póliza de seguro de vehículos de motor únicamente porque el asegurado haya cometido una infracción de tráfico no penal, con las siguientes excepciones: una segunda infracción en un plazo de 18 meses; una tercera infracción en un plazo de 36 meses; o exceder el límite de velocidad en más de 15 MPH.

2. No se podrán agregar puntos a su registro de licencia de conducir si la adjudicación de la culpabilidad es retenida. No puede hacer una elección en virtud de este apartado si ha hecho esta elección en los 12 meses anteriores. Una persona no puede hacer más de cinco elecciones en su vida. Para determinar si usted es elegible para hacer una elección para asistir a la escuela de tráfico, consulte nuestro sitio web en flhsmv.gov.

Dentro de los 30 días a partir de la fecha en que recibió la citación por infracción y antes de asistir a las clases, deberá:

1. Informar al secretario del tribunal del condado donde recibió la citación que desea ir a la escuela de tráfico, y

2. Pagar una tarifa por elección al secretario del tribunal del condado donde recibió la citación.

En el reverso de la citación encontrará una lista completa de las opciones que tiene para satisfacer su citación de tráfico. Usted deberá elegir una de las tres opciones dentro de los 30 días de recibir la citación.

Cursos avanzados para mejorar la conducción

Si su licencia de conducir de la Florida fue suspendida por puntos, como un infractor de tráfico habitual (que no sea por DUI), o por orden judicial, debe completar un curso para mejorar la conducción avanzado con el fin de restablecer sus privilegios de conducción. Si usted es titular de una licencia de conducir de Florida y recibe una citación por una infracción de tránsito en otro estado, ese estado puede retener la adjudicación si usted completa un curso avanzado para mejorar la conducción aprobado por el FLHSMV.

Programas de DUI con licencia

Usted puede ser requerido a completar un programa de DUI con licencia si su licencia es suspendida a nivel administrativo por: nivel ilegal de alcohol en la sangre o en el aliento; negativa a someterse a una prueba de aliento, sangre u orina; o convicción de conducir bajo la influencia o posesión de una sustancia controlada.

Cursos para conductores mayores de edad

Los cursos de conducción específicos para mayores de 65 años pueden poner al día a los conductores sobre las leyes de tráfico y sugerir formas útiles de adaptar los hábitos de conducción a la edad. Algunos cursos incluso permiten a los conductores de mayor edad obtener una reducción de los costos del seguro de automóvil.

Made in the USA
Columbia, SC
03 November 2024

45497180R00052